Delphin Taschenbuch in Farbe Nr. 21

Catherine Jarmann

Die Entwicklung des Lebens

Illustrationen von Peter Thornley

DELPHIN VERLAG

Inhalt

Umschlaggestaltung: Hans Ruedi Wyss.

Übertragung: Dr. Heidrun Werner, Dr. Rolf Werner.

Satzherstellung: Elgra AG, Zürich.
Printed in Italy by Arnoldo Mondadori Grafiche, Verona.
ISBN 3.7735.2821.3

Vorwort

Dieses Buch stellt die Evolutionstheorie dar, also die Theorie von der Entwicklung der Lebewesen im Verlauf der Erdgeschichte, und informiert seine Leser über den Ursprung des pflanzlichen und tierischen Lebens vor Millionen von Jahren.
Der leicht verständliche Text und die vielen farbigen Abbildungen ermöglichen einen ersten Einblick in dieses interessante und vielfältige Wissensgebiet.

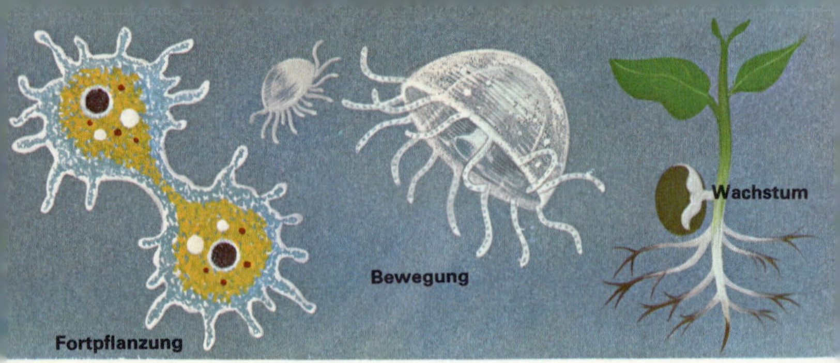

EINLEITUNG

Was ist Leben?

Lebewesen sind normalerweise aus einer Zelle oder aus einem Zellverband aufgebaut und in diesem Sinn als abgegrenzte Systeme zu verstehen. Im Unterschied zur unbelebten Natur sind sie durch einen Stoff- und Energiewechsel gekennzeichnet, d. h. die aufgenommenen Stoffe werden umgebaut oder unter Freiwerden von Energie wieder abgebaut. Lebewesen können sich fortpflanzen, und sie sind durch bestimmte Einwirkungen ihrer Umwelt (z. B. Berührung, Licht, chemische Stoffe) reizbar. Weitere kennzeichnende Eigenschaften sind Wachstum, Bewegung, Nahrungsaufnahme, Atmung und Ausscheidung.
Der Grundstoff aller lebenden Organismen ist das Protoplasma, eine komplizierte Mischung aus Wasser, organischen Bestandteilen und einer Anzahl von Salzen. Durch den ständigen Umbau und Abbau der organischen Bestandteile ist die Zusammensetzung des Protoplasmas nicht stabil und variiert von einem Individuum zum anderen.

Kennzeichen des Lebens (oben) und Vielfalt der Lebensformen (unten)

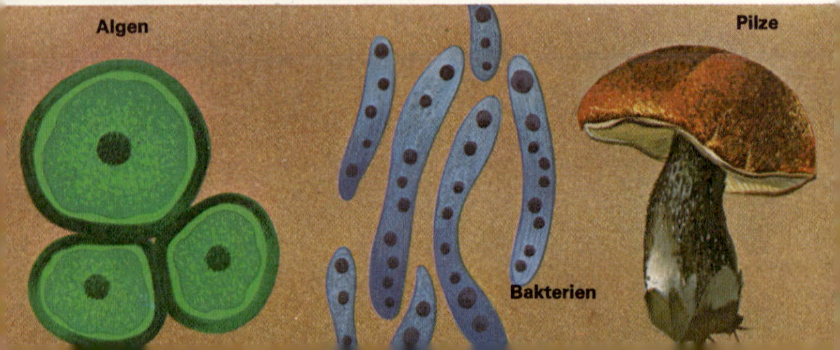

Die Vielfalt des Lebens

Schätzungsweise 4 Millionen Eier legt ein Kabeljau-Weibchen in einer Saison. Eine unglaubliche Zahl! Müßte bei der großen Zahl von Lebewesen und solch hohen Vermehrungsraten nicht schon lange ein unentwirrbares Chaos entstanden sein? Doch keine einzige Art hat bisher die Erde übervölkert. Denn aus diesen hohen Vermehrungsraten ergibt sich, so folgerte schon Darwin, unvermeidlich ein Kampf ums Dasein, den immer nur einige Nachkommen einer Art überleben.

Milliarden verschieden gestalteter Individuen leben auf der Erde. Davon gehören

zu den bedecktsamigen Pflanzen etwa	150 000 Arten
zu den Algen, Pilzen und Flechten etwa	107 000 Arten
zu den Leber- und Laubmoosen etwa	23 000 Arten
zu den Farnen und Schachtelhalmen etwa	10 000 Arten
zu den wirbellosen Tieren und Wirbeltieren etwa	1 120 000 Arten

Allein 3/4 aller Tierarten sind Insekten.

Klassifikation eines Dromedars

Die Klassifizierung

Im Verlauf der letzten Jahrhunderte sind zahlreiche Versuche unternommen worden, diese Vielfalt an Formen in eine logische Ordnung oder in ein System zu bringen. Eine solche Einteilung in Gruppen nennt man Klassifizierung oder Taxonomie. Durch die verschiedenen Grade der Klassifikation (Klasse, Ordnung, Gattung, Familie, Art) wird einem Lebewesen ein bestimmter Platz im Tier- oder Pflanzenreich zugewiesen.

Bei der Klassifizierung der Lebewesen ist man verschiedene Wege gegangen. Die Tiere z. B. versuchte man anfangs nach ihrer Anpassung an die Umwelt einzuteilen; folglich stellte man die Wale zu den Fischen, weil sie im Meer lebten, und die Fledermäuse zu den Vögeln, weil sie fliegen konnten.

Einen anderen Weg schlug der schwedische Naturforscher Carl von Linné (1707–1778) ein. Er verglich die äußere Gestalt der Tiere miteinander. Aufgrund dieser morphologischen Untersuchungen erkannte er z. B. die Übereinstimmungen zwischen Pferd und Esel, Wassermolch und Eidechse, Affe und Mensch. Die Löwen, Tiger und Hauskatzen stellte er ganz richtig in eine Gruppe, die Felidae.

Dieses Aufzeigen von Verwandtschaftsbeziehungen erlangte in der Folgezeit zwar eine große Bedeutung bei der Untersuchung von Tier- und Pflanzengruppen; es hatte jedoch keinen Einfluß auf die Weiterentwicklung der Evolutionstheorie. Denn Linné vertrat noch die Auffasssung seiner Zeit, nach der so viele Pflanzen- und Tierarten existieren, wie sie am Anfang der Schöpfung erschaffen worden waren und nach der diese Arten sich unverändert erhalten haben sollen.

Von dieser Vorstellung bis zu der in der zweiten Hälfte des 19. Jahrhunderts aufgestellten Theorie von der Veränderlichkeit der Lebewesen (Evolution) war es noch ein weiter Weg. Es waren vor allem Hinweise aus den Gebieten der Paläontologie (Lehre von den vorzeitlichen Lebewesen), der Genetik (Lehre von den Grundlagen der Vererbung), der Embryologie (Lehre von der Entwicklung des Embryos, d. h. des ungeborenen Keimes), der Serologie (beschäftigt sich mit der Zusammensetzung des Blutserums) und der Tiergeographie, welche die Biologen von der Richtigkeit dieser neuen Theorie überzeugten.

Für Aristoteles bestand das Wesentliche einer Veränderung in der Entwicklung einer «Form».

DIE EVOLUTION

Einige ältere Theorien

Die Evolutionstheorie, d. h. die Theorie von der Veränderung der Lebewesen im Verlauf geologischer Epochen, gilt heute als eine wissenschaftlich anerkannte Theorie und wird fast überall als eine unbestrittene Tatsache akzeptiert. Das war jedoch nicht immer der Fall, da man sich nur sehr schwer und erst ganz allmählich eine Vorstellung von der Entwicklung des Lebens machen konnte.

Im Altertum wurde die Entwicklung des Lebens mit den «Elementen» Erde, Feuer, Wasser oder Luft verbunden. Thales (640–546 v.Chr.) glaubte, daß alle Dinge am Anfang aus Wasser entstanden seien. Anaximenes von Milet (etwa 500 v. Chr.) hielt die Luft für die Ursubstanz aller lebenden Dinge. Geradezu phantastisch erscheint uns die Ansicht von A. Kirchner (1601–1680): er hielt es für möglich, daß Vögel und kleine

Menschen von Orchideen zur Welt gebracht würden. Dagegen glaubte B. de Maillet (1656–1738) an eine Abstammung der Vögel von fliegenden Fischen, der Löwen von Seelöwen und der Menschen von Meermenschen.
Die Theologen deuteten die Evolution aufgrund der in der Bibel beschriebenen Erschaffung der Lebewesen in sechs Tagen als einen Akt Gottes, und zwar als einen einmaligen, sich nicht wiederholenden Vorgang. Diese Anschauung ließ sich zunächst nicht mit der Erkenntnis der Evolutionstheorie vom ständigen Wandel der Arten vereinbaren. Heute jedoch werden die Befunde der Evolutionsforschung auch von den meisten Theologen anerkannt und in die religiösen Vorstellungen einbezogen.
In eine ganz andere Richtung gingen die Gedanken des griechischen Philosophen Aristoteles (384–322 v. Chr.). Er kannte den vollständigen Ablauf der Metamorphose (Verwandlung) bei Fröschen und Insekten und beschäftigte sich besonders mit dem embryonalen Wachstum des Kükens. Der Reifegrad eines Tieres bei der Geburt erschien ihm als ein wichtiges Klassifikationsmerkmal. Das Leben, so folgerte er, beginne aus einer ursprüng-

Die Bibel beschreibt die Erschaffung der Welt in sechs Tagen.

lich vorhandenen Materie («Urzeugung»), aus der durch eine formende Kraft («Bildungskraft») das Wesen oder die Form eines Dinges entstehe.

Gegen diese Philosophie des Aristoteles und gegen die Theorie von der Weltschöpfung konnte sich im Mittelalter und auch noch in der Renaissance- und in der Reformationszeit keine andere Auffassung durchsetzen. Der Erzbischof von Armagh (1581–1656) bestimmte sogar das Schöpfungsjahr als das Jahr 4004 v. Chr. und war somit der Meinung, daß alles pflanzliche und tierische Leben vor etwa 6000 Jahren entstanden sei.

Erst im späten 18. Jahrhundert, als sich die Wissenschaft von der Geologie sehr rasch zu entwickeln begann, tauchten Zweifel an dieser Theorie auf. Die Erde, so vermutete man jetzt, sei vielmehr einige hunderttausend Jahre alt.

Wesentlich früher schon, während des späten 17. Jahrhunderts, hatte man begonnen, sich mit den Fossilien zu beschäftigen. Martin Lister (1638–1712) und Robert Hooke (1635–1703) wiesen zwar auf eine mögliche Beziehung zwischen den Fossilien und ihrer Fundschicht hin, sie erkannten sie jedoch noch nicht als die Reste vorzeitlicher Lebewesen. Nach der immer noch vorherrschenden Meinung erklärte man sie aus einer sogenannten «Samenluft» entstanden, die das Gestein durchzogen hatte.

Es dauerte bis zum Jahre 1788, ehe die Diskussion um das Alter der Erde wieder einsetzte. James Hutton (1726–1797), ein Edinburgher Arzt, gab sein 1795 erschienenes Hauptwerk «Eine

Erasmus Darwin (links) und Georges Cuvier (unten)

Theorie über die Erde» als vorläufige Mitteilung heraus. Hutton ging von der Auffassung aus, daß die Naturkräfte unveränderlich seien. Man bezeichnet diese Betrachtungsweise als «Aktualismus». Meere und Bergketten, so legte er dar, seien nicht durch göttlich angeordnete Sintfluten und Erdbeben entstanden, die Bildung der Erdoberfläche erfolge vielmehr durch den allmählichen Prozeß der Erosion, genauso wie in erdgeschichtlicher Vergangenheit. Das Alter der Erde war nach seiner Ansicht unendlich groß.
Obwohl man nun von der allmählichen Verwandlung der Erde überzeugt war, dachte noch niemand an eine Wandlung der Tier- und Pflanzenarten. Erst durch William Smith (1769–1838) wurden in dieser Richtung weitere gedankliche Fortschritte erzielt. Smith fand heraus, daß übereinanderliegende Schichten einen unterschiedlichen Fossilinhalt aufweisen und sich nicht wiederholen, daß Gesteine mit gleichem Fossilinhalt demnach auch gleich alt sein müßten, selbst wenn sie an verschiedenen Orten gefunden werden.
Ein Zeitgenosse von William Smith war Georges Baron von Cuvier, Zoologieprofessor in Paris. Aufgrund seiner umfassenden Kenntnisse auf dem Gebiet der vergleichenden Anatomie war er in der Lage, aus einzelnen fossilen Knochen den Körperbau ausgestorbener Tiere zu rekonstruieren.
Die Geologie machte zu dieser Zeit große Fortschritte und lieferte eine Fülle an Informationen über pflanzliche und tierische Reste. Viele der von Geologen beschriebenen Arten waren jedoch ausgestorben, und so kam auch bald der Gedanke von einer Entwicklungsreihe der Lebewesen auf. Noch aber dachte niemand an eine Evolution des Lebens. Schuld daran war Cuvier, der selbst noch am Standpunkt der Unveränderlichkeit der Arten festhielt. Die im Verlauf der Erdgeschichte auftretenden Unterschiede in der Tier- und Pflanzenwelt seien, so erklärte er, durch plötzliche Erdbeben und Sintfluten und die anschließende Einwanderung von Tieren und Pflanzen aus anderen Gebieten entstanden («Katastrophentheorie»).
Erasmus Darwin (1731–1802), der Großvater Charles Darwins, beschäftigte sich ebenso wie sein Enkel mit den Problemen der Evolution. Seine Gedanken verursachten zu seiner Zeit eine wahre Sensation. In seinem bemerkenswertesten wissenschaftlichen Werk «Zoonomia» erklärt er als verantwortliche Kraft für alles Lebendige die innere Kraft der Reizbarkeit.

Lamarck (links) und das klassische Beispiel für seine Evolutionstheorie (rechts)

Lamarck und seine Theorien

Jean Baptiste de Lamarck (1744–1829), ein Freund Cuviers, unternahm als erster den Versuch, das Problem der Artenentstehung zu klären. Mutig bestritt er die Theorie von der Unveränderlichkeit der Arten. Er behauptete, daß alle Arten der Umwandlung ausgesetzt seien und daß diese Umwandlung («Transformation») die Grundlage des Lebens darstelle.

Diese im Bau und in den Funktionen auftretenden Veränderungen könnten, so legte Lamarck in seinem Werk «Zoologische Philosophie» (1809) dar, auf einer «Vererbung erworbener Eigenschaften» beruhen. Wenn z. B. ein Lebewesen durch wiederholtes Training seine Muskeln stärke, so vererbe sich diese erworbene Eigenschaft von Generation zu Generation auf die Nachkommen. Es bildeten sich langsam immer stärkere Muskeln aus, bis schließlich eine neue Art entstehe.

Lamarcks klassisches Beispiel hierfür ist die Giraffe. Auch sie könnte, so vermutete er, aus einer Art mit einem kurzen Hals entstanden sein. Wenn diese Vorfahren der Giraffe ihren Hals über ungezählte Generationen hinweg immer nach dem Laub an höheren Ästen gestreckt hätten, so würde dies allmählich zur Bildung eines verlängerten Halses geführt haben. Lamarck deutete damit die Umwandlungen in der Gestalt eines Tieres durch den vermehrten oder verminderten Gebrauch bestimmter Organe.

Diese Theorie weist jedoch deutliche Mängel auf, denn sie besagt, daß die Tiere durch eine einfache Willensäußerung (Gebrauch oder Nichtgebrauch) die Art ihrer Lebensführung selbst bestimmen können. Darüber hinaus läßt sich mit dieser Theorie die Evolution der Pflanzen nicht erklären. Lamarck unternahm keine Versuche, seine Überlegungen durch Beweise zu stützen, und auch später war niemand in der Lage, einen gültigen Beweis für die Vererbung erworbener Eigenschaften zu liefern.

Charles Darwin (1809–1882)

Darwin – sein Leben und seine Theorien

Mit der Evolutionstheorie ist vor allem der Name Charles Darwins verbunden. Er gilt als der Begründer der Selektionstheorie, der Theorie von der natürlichen Auslese der Arten.

Charles Darwin wurde im Jahre 1809 in Shrewsbury (England) als Sohn eines wohlhabenden Arztes geboren. An einer örtlichen Privatschule erhielt er Unterricht in lateinischer und griechischer Dichtung und in klassischer Geographie und Geschichte. Doch weit mehr interessierte er sich für Naturgeschichte. Er wurde deshalb nach Edinburgh geschickt, um Medizin zu studieren. Zweimal sah er bei schweren Operationen zu, die unter den Bedingungen der damaligen Zeit ohne Narkose durchgeführt wurden. Dieser Anblick stieß den damals 17 Jahre alten Darwin so sehr ab, daß es ihm unmöglich erschien, Arzt zu werden. Er gab das Medizinstudium auf und kehrte nach zwei Jahren aus Edinburgh nach Shrewsbury zurück. Sein Vater entschied, daß er nun Geistlicher werden sollte. Darwin war dieser Gedanke nicht unangenehm, und so ging er im Jahre 1828 nach Cambridge.

Während er sich auf das Schlußexamen vorbereitete, führte ihn das Schicksal mit Professor John Henslow zusammen. Sie wurden Freunde, und diese Freundschaft hat mehr als irgendein anderer Umstand das Leben Charles Darwins entscheidend beeinflußt. Auf den Rat seines Professors und Freundes Henslow

nahm Darwin den Posten eines unbezahlten Naturforschers für eine Reise mit der «Beagle» nach Südamerika an.
Bis zu seiner Abreise aus England im Dezember 1831 hatte Darwin keinen Grund, an der Unveränderlichkeit der Arten zu zweifeln. Er las Sir Charles Lyells Buch «Grundlagen der Geologie» und eignete sich dessen aktualistische Anschauungen an. Während seiner Reise jedoch kam er nach und nach zu der Überzeugung, daß die Arten doch nicht unveränderlich seien.
Bei einem Besuch auf den Galapagosinseln war Darwin vor allem erstaunt über die vielen verschiedenen, aber unverkennbar miteinander verwandten Finkenarten. Waren sie, so fragte er sich, alle aus einer Art entstanden? Hatten sie sich dann in verschiedene Richtungen entwickelt? Er fand eine Antwort auf seine Fragen, als er die Tierwelt der Galapagosinseln mit der Südamerikas verglich: beide ähnelten sich sehr. Also war der gemeinsame Ursprung der verschiedenen Galapagos-Finken auf dem amerikanischen Festland zu suchen. In der Isolation der Inselwelt hatten sich dann unterschiedliche Arten ausgebildet.

Während der Reise auf der «Beagle» (1831–1836) kam Darwin zu der Überzeugung, daß Arten sich verändern.

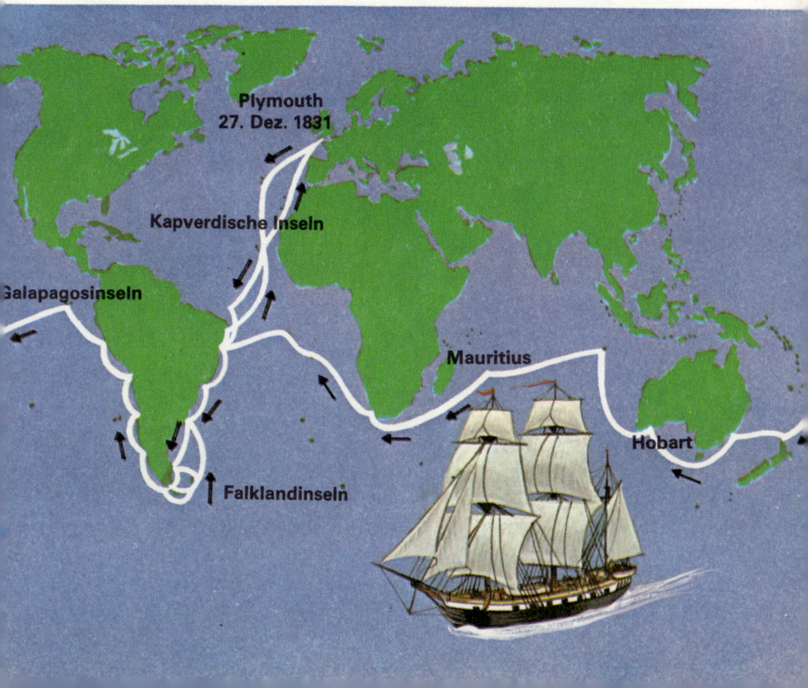

Die Entstehung der Arten

1836 kehrte Darwin nach England zurück. Er war nunmehr fest davon überzeugt, daß die Arten wandelbar seien, zu erklären blieb jedoch, wie diese Veränderungen stattgefunden hatten. Lange Zeit beschäftigte sich Darwin nun mit diesem Problem. Sein Grundgedanke war, daß die Arten sich durch natürliche Prozesse aus wenigen einfachen Urformen oder aus nur einer Urform entwickelt haben mußten.

Darwin führte mit seiner Frau, einer Tochter aus der Wedgwood-Familie, ein sehr zurückgezogenes Leben. Er beschäftigte sich eingehend mit den Zuchtmethoden von Haustieren und hierbei besonders mit denen von Tauben. Die Tierzüchter, so bemerkte Darwin, wählten für Zuchtzwecke aus jeder Generation immer nur die Tiere aus, deren charakteristische Merkmale sie weiterzuentwickeln wünschten. Auf diese Weise erhielten sie nach mehreren Generationen die gewünschte neue Rasse; diese erwies sich als reinrassig, wenn man die Individuen wieder mit sich selbst kreuzte.

Der entscheidende Faktor bei allen Züchtungen lag also in der Auswahl. Wie aber konnte die Selektion (Auswahl) in der Natur wirken? Wer bestimmte hier anstelle des Züchters die Zuchtwahl? Zufällig las Darwin die Abhandlung von Thomas Robert Malthus, einem englischen Geistlichen, «Über die Bevölkerung». Malthus zeichnete darin das Bild eines ständigen Wettbewerbes zwischen den Menschen, und Darwin erkannte plötzlich die Bedeutung des auch überall im Tier- und Pflanzenreich stattfinden-

Durch künstliche Selektion entstanden aus der Felsentaube verschiedene Zuchttauben.

den Existenzkampfes. Nur günstige Variationen würden unter den anstrengenden Bedingungen des täglichen Lebenskampfes erhalten bleiben und sich fortpflanzen, ungünstige dagegen aussterben. Folglich war jedes Lebewesen bestrebt, sich den umgebenden Lebensverhältnissen anzupassen. Diese «natürliche Zuchtwahl oder Selektion», verbunden mit der bestmöglichen Anpassung, führte dann zur allmählichen Umbildung der Organismen und zur Entstehung neuer Arten.

Obwohl Darwin diese Theorie bereits im Jahre 1838 entwickelt hatte, vergingen noch zwanzig Jahre, ehe die Öffentlichkeit von seinen revolutionären Ideen erfuhr. Dann allerdings war es ein äußerst unglücklicher Umstand, der ihn zum Niederschreiben seiner Ansichten zwang.

Alfred Russel Wallace hatte ebenso wie Darwin die Abhandlung von Malthus gelesen. Auf den Inseln des Malaiischen Archipels beobachtete er, wie schon Darwin auf den Galapagosinseln, daß benachbarte Inseln von eng verwandten, aber verschiedenen Arten bewohnt wurden. Er nahm an, daß die Arten langsam entstanden sein müßten, er war jedoch, wie auch Darwin, zunächst unsicher, wie diese Veränderungen stattgefunden hatten. 1858 jedoch stieß auch Wallace auf die Theorie von der natürlichen Zuchtwahl. Er schrieb darüber eine kurze Abhandlung und schickte sie an Darwin mit der Bitte um eine Beurteilung.

Es muß Darwin einen großen Schock versetzt haben, plötzlich seine eigenen Gedanken von einem anderen, ihm unbekannten Menschen geschrieben zu sehen. Auf Anraten seiner Freunde fertigte nun auch er eine kurze Abhandlung an, in der er seine

Kropftaube

Purzeltaube

Gesichtspunkte zur Entstehung der Arten darlegte. Zusammen mit der Veröffentlichung von Wallace ließ er sie im Jahre 1858 vor den Naturforschern der Londoner Linnéischen Gesellschaft vorlesen. Im November des folgenden Jahres wurde sein Buch «Die Entstehung der Arten durch natürliche Zuchtwahl oder die Entstehung bevorzugter Rassen im Lebenskampf» herausgegeben.

Die wichtigsten Punkte dieses Buches sind:

1. Alle Lebewesen weisen eine starke Überproduktion von Nachkommen auf.
2. Die Anzahl der Individuen einer Art bleibt trotzdem mehr oder weniger konstant.
3. Aus diesem Grund muß die Sterblichkeitsrate entsprechend hoch sein.
4. Mitglieder einer Art sind nicht identisch, da sich für alle Merkmale Abweichungen (Varianten) bilden können.
5. Als Eltern für die nächste Generation werden von diesen Varianten durch den Prozeß der natürlichen Selektion diejenigen ausgewählt, die sich ihren Umweltbedingungen am besten anpassen können.
6. Eltern und Nachkommen sind erbgleich.
7. Daraus folgt, daß sich die Nachkommen auf der Anpassungsstufe der Elterngeneration festigen und verbessern.

Das Buch war vom Tage seines Erscheinens an ein Bestseller. Man las es begierig und diskutierte vor allem seinen religiösen Standpunkt und die sich daraus ganz selbstverständlich ergebende Tatsache der Abstammung des Menschen vom Affen.

Th. Huxley (links) und S. Wilberforce (unten)

Indem er Mäusen mehrere Generationen hindurch den Schwanz abschnitt, hoffte Weismann, Beweise gegen Darwins Theorie zu finden.

(Darwin selbst jedoch hatte es sorgfältig vermieden, diesen Gedanken direkt auszusprechen.)
Im Jahre 1860 kam es darüber zu einem öffentlichen Streitgespräch. Samuel Wilberforce, Bischof von Oxford, richtete scharfe Angriffe gegen Darwins Buch, doch Darwin wurde von Thomas Huxley geschickt verteidigt. Als Folge davon wurden zwar Darwins Theorien mehr und mehr anerkannt, der Konflikt um die Evolutionstheorie jedoch wurde nicht beigelegt, und in bestimmten Aspekten besteht er auch heute noch.
Einer der Hauptkritiker der Evolutionstheorie war der deutsche Biologe August Weismann (1834–1914). Er sprach sich nicht nur gegen Darwins Auffassungen aus, er kritisierte außerdem die von Lamarck aufgestellt Theorie von der Vererbung erworbener Eigenschaften. Weismann unterschied zwischen einem sogenannten Körperplasma oder Soma und einem Keimplasma. Dieses Keimplasma allein sei verantwortlich für die Übertragung der Erbeigenschaften. Da der Körper selbst aber keinen Einfluß auf das Keimplasma habe, könnten daher auch vom Körper erworbene Eigenschaften nicht an die Nachkommen weitergegeben werden. Diese Behauptungen versuchte Weismann mit Mäusen zu beweisen, denen er mehrere Generationen hindurch die Schwänze abschnitt. Doch die Nachkommen solcher Mäuse wurden immer wieder mit Schwänzen und niemals schwanzlos geboren.

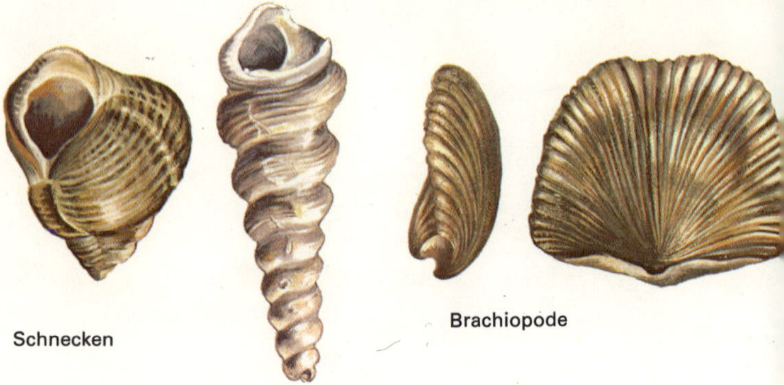

Schnecken

Brachiopode

BEWEISE FÜR DIE EVOLUTIONSLEHRE

Für die Richtigkeit der Evolutionslehre sprechen viele Gründe. Als wichtigste gelten die vorzeitlichen Tier- und Pflanzenreste, die vergleichend-anatomischen Betrachtungen der Gegenwart und die heutige Verbreitung von Tieren und Pflanzen.

Paläontologische Beweise

Seit die Erde besteht, haben unzählige Milliarden von Tieren und Pflanzen auf ihr gelebt. Vergleichsweise wenig ist uns von dieser ungeheuren Zahl vorzeitlichen Lebens erhalten geblieben und als «Fossilien» überliefert worden. Alle Überreste vorzeitlicher Organismen werden als «Fossilien» bezeichnet. Es ist dabei gleichgültig, ob diese Reste vollständig erhalten sind oder nicht, oder ob es sich um den Organismus selbst oder um seine Fährten (Spurenfossilien) handelt. Besonders zahlreich überliefert sind Pflanzen und Tiere, die erhaltungsfähige Hartteile besaßen.

Bei der Fossilisation, dem Vorgang der Bildung von Fossilien, werden die Hartgebilde des im Sediment eingebetteten Organismus allmählich von Kalk, Kieselsäure oder anderen Stoffen durchsetzt und bleiben auf diese Weise erhalten. Die organische Substanz wird dabei meist vollkommen abgebaut. Ein gutes Beispiel hierfür ist der «versteinerte Wald» aus der Trias von Arizona (USA). Hier wurde das Holz der Bäume allmählich von Kieselsäure ersetzt. Die Kieselsäure stammt von dem vulkanischen Sedimentmaterial, das die Holzstämme bedeckte.

Ammoniten

Verschiedene Fossilien

Fossilien können auch als Abdrücke erhalten sein. In diesem Fall ist z. B. die Schale eines Tieres weggelöst worden, überliefert wird dann nur der Abdruck der Schale, und zwar der äußere. Dieser zeigt alle Einzelheiten der Schalen-Außenstruktur, wie z. B. Rippen oder auch andere Ornamente. Wurde dagegen der Innenraum eines Tieres mit Sediment ausgefüllt, so entstand ein Innenabdruck oder Steinkern, d. h. ein Ausguß des Körperinneren. Steinkerne finden wir besonders häufig von Schnecken, Muscheln und Brachiopoden (Armfüßer).

Aber auch die Spuren und Fährten von Tieren sind erhalten geblieben. Sie liegen ebenfalls als Abdrücke oder als Ausguß der Abdrücke vor. Die Erzeuger solcher Spuren sind meist nur selten bekannt. Es ist daher nicht verwunderlich, daß man Dinosaurier-Fährten, weil sie dreizehig waren, zunächst für die Fährten von Vögeln hielt.

Fossilien spielen eine wichtige Rolle bei der Altersbestimmung der Erde, da jede geologische Formation und jede Abteilung ihre charakteristischen Versteinerungen besitzt. Das Alter der Gesteine, in denen sie gefunden werden, kann allerdings immer nur annähernd bestimmt werden. Für die Evolution besonders wichtig sind fortlaufende Fossilfunde, wie z. B. vom Pferd und vom Elefanten. Durch sie wird es erst möglich, vollständige Entwicklungsreihen aufzustellen, die über die allmählichen Veränderungen der Tiere im Verlauf der Erdgeschichte Auskunft geben.

Auftreten einzelner Tiergruppen im Verlauf der Erdgeschichte

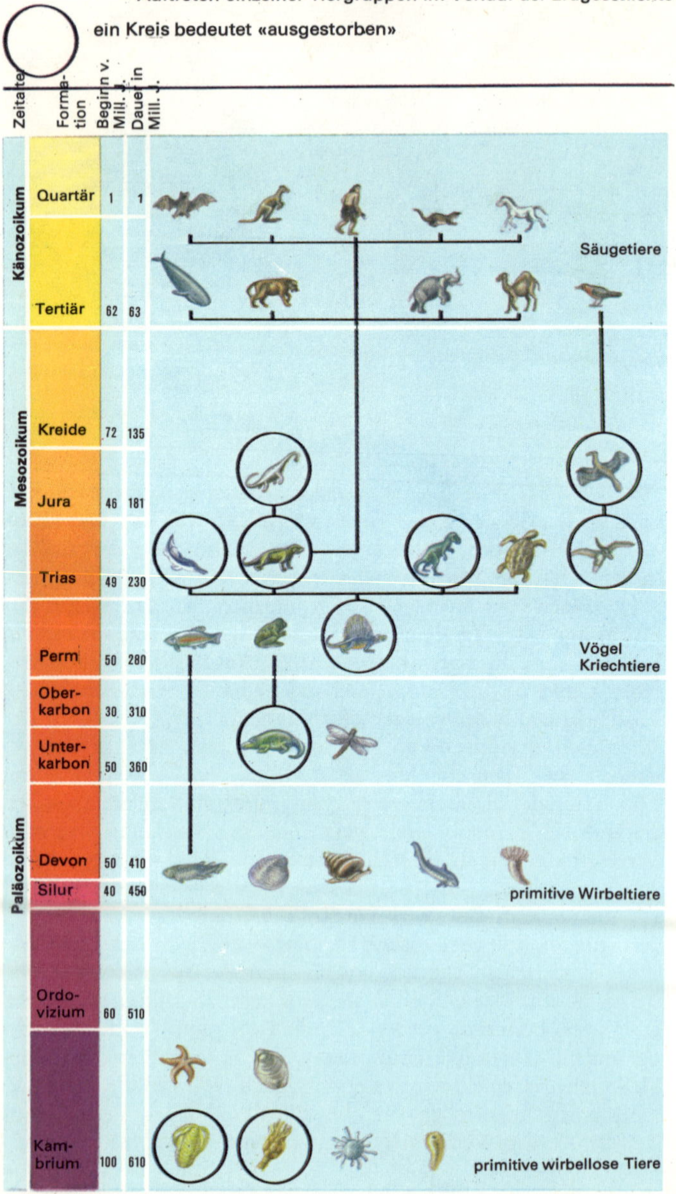

Die geologische Zeitrechnung

Gegenwärtig wird das Alter der Erde auf etwa 3–5 Milliarden Jahre geschätzt. Diese absolute Altersbestimmung beruht auf den sogenannten Zerfallsgeschwindigkeiten der radioaktiven Elemente Uran und Thorium. Die Fossilien dagegen ermöglichen eine relative Altersbestimmung. Sie geben nur Auskunft darüber, in welcher Reihenfolge die Gesteine abgelagert worden sind und in welcher geologischen Formation ein bestimmtes Ereignis stattgefunden hat.

Die geologische Geschichte ist in vier Zeitalter unterteilt, die nach den jeweils kennzeichnenden Lebensmerkmalen benannt sind: es gibt das kryptozoische Zeitalter (verborgenes Leben), das paläozoische Zeitalter (altes Leben), das mesozoische Zeitalter (mittelalterliches Leben) und das känozoische Zeitalter (neues Leben). Jedes Zeitalter (z. B. das Känozoikum) untergliedert sich wieder in eine Anzahl von Formationen (Tertiär und Quartär). Darunter versteht man jeweils eine bestimmte Gesteinsfolge, die eine sie kennzeichnende Fossilgemeinschaft enthält. Jede Formation wiederum umfaßt verschiedene Abteilungen, das Tertiär z. B. das Paläozän, Eozän, Oligozän, Miozän und Pliozän.

Fossilführende Ablagerungen sind erst seit dem unteren Kambrium bekannt. Die ersten Lebewesen sind also vor etwa 600 Millionen Jahren aufgetreten, als die Erde bereits rund 3½ Milliarden Jahre alt war.

In der geologischen Uhr gibt der kleinere Kreis das Alter der Erde (etwa 5 Milliarden Jahre) und der größere die letzten 600 Millionen Jahre an. Jede «Stunde» bedeutet 50 Millionen Jahre.

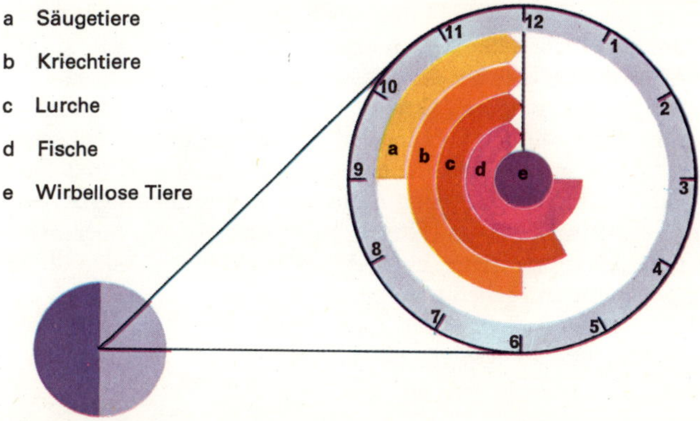

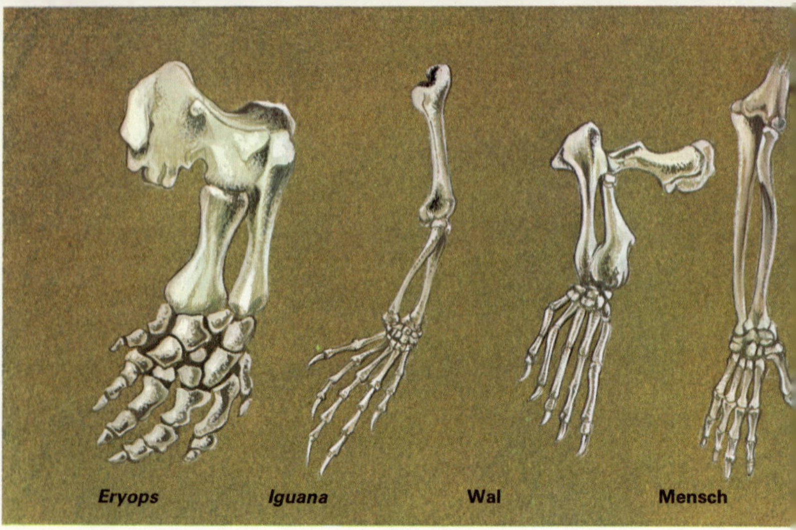

Vergleichend-anatomische Beweise

Die vergleichende Anatomie vergleicht die Körperteile verwandter Organismen und ermittelt, wie groß die Übereinstimmungen sind. Wichtigster Grundbegriff dieser Wissenschaft ist die «Homologie», nach der die Gleichheit homologer Organe auf ihrer gemeinsamen Abstammung beruht. So gelten der Flügel des Vogels, der Flügel der Fledermaus, die Flosse des Wales und der Arm des Menschen als homolog, weil alle diese Organe auf die Vordergliedmaßen eines gemeinsamen Vorfahren zurückgehen. Homologe Organe können sich, wie das vorher genannte Beispiel zeigt, sehr unähnlich werden, wenn sie im Laufe der Zeit eine Abwandlung erfahren haben und eine völlig andere Funktion ausüben. Die Homologien sind für die Aufdeckung stammesgeschichtlicher Beziehungen von großer Bedeutung und dienen als Grundlage bei der Klassifizierung der Lebewesen.
Umgekehrt können auch Organe völlig verschiedener Herkunft einander sehr ähnlich werden, wenn sie die gleiche Funktion haben. Man spricht dann von «analogen» Organen, das sind Organe, die in verschiedenen Organismen dem gleichen Zweck dienen. So sind z. B. die Flügel, Beine und Augen einer Heuschrecke denselben Teilen einer Amsel analog, weil beide damit fliegen, laufen und sehen können.
Viele Tierarten besitzen aber auch Organe ohne jede Funktion. Ihr Vorhandensein wird heute dadurch erklärt, daß sich diese

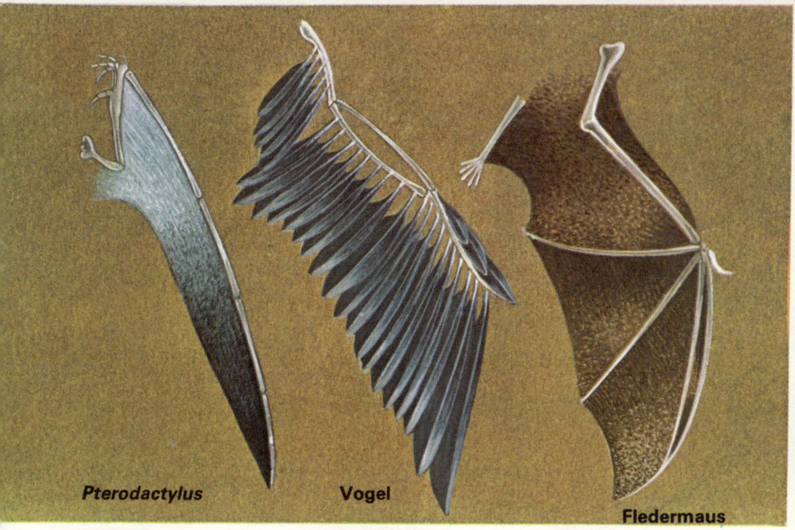

Homologie der Vordergliedmaßen (links) und Analogie der Flügelformen (oben)

Arten im Verlauf ihrer stammesgeschichtlichen Entwicklung verändert haben. Die heute nur noch als Reste auftretenden Organe waren bei stammesgeschichtlichen Vorfahren vollständig vorhanden und voll funktionsfähig. Solche «rudimentären Organe» sind z. B. die Reste von Becken- und Schenkelknochen beim Wahl und bei den Riesenschlangen. Sie liegen als kleine Knochen im Fleisch der Tiere eingebettet und weisen bei den Walen auf eine Abstammung von landlebenden Säugetieren hin, bei den Schlangen auf die Abstammung von vierfüßigen Kriechtieren.

Rudimentäre Gliedmaßen einer Python

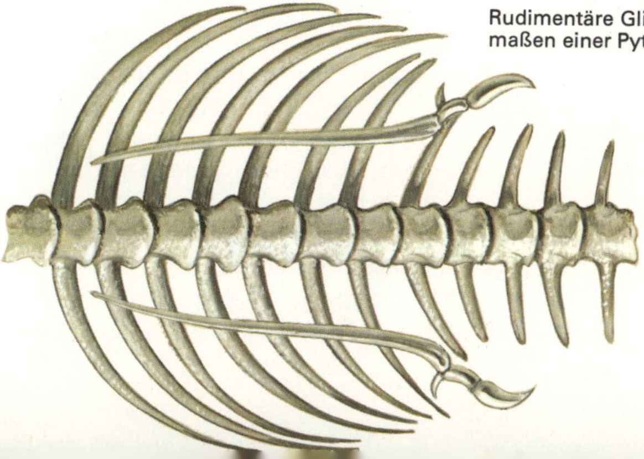

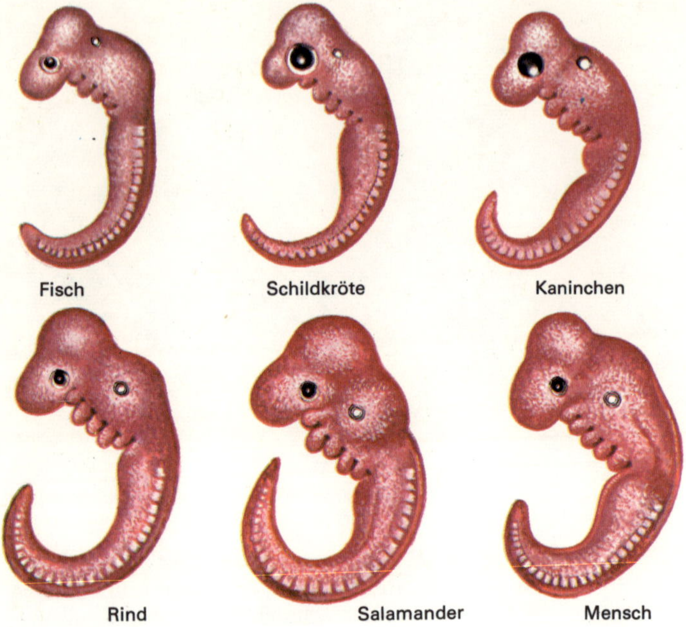

Ähnliche Embryonen von Formen, die erwachsen verschieden aussehen.

Vergleichend-embryologische Beweise

Es fällt uns sicherlich nicht schwer, Fische, Schildkröten, Hühner, Kaninchen und Menschen auseinanderzuhalten. Schwierig allerdings wird dies, wenn wir nicht die erwachsenen Stadien dieser Formen vorliegen haben, sondern nur ihre Embryonen. Diese gleichen sich bis zu einem bestimmten Entwicklungsstadium so stark, daß eine Unterscheidung fast ganz unmöglich ist. Vergleichende Untersuchungen machten nun deutlich, daß die Embryonen höher entwickelter Tiere oft Verhältnisse aufweisen wie die erwachsenen Formen niederer Tiere. Das führte zu der Vorstellung, daß die Entwicklung eines einzelnen Organismus in derselben Weise verläuft, in der auch eine Art oder Gattung aus einem urtümlichen Vorfahren entstanden ist: viele Individuen wiederholen also während ihrer Individualentwicklung (der Ontogenie) die Stammesentwicklung (die Phylogenie).

Diese im 19. Jahrhundert entstandene Vorstellung gilt in dieser Form heute nur noch mit einigen Einschränkungen. Sie gewinnt jedoch wesentlich an Bedeutung, wenn die embryonalen und postembryonalen Untersuchungen durch vergleichend-anatomische Betrachtungen ergänzt werden. Denn nicht selten lassen sich bestimmte, bei heutigen erwachsenen Formen nicht mehr auftretende Entwicklungsphasen nur noch als embryonale Strukturen feststellen.

Zwischenformen

Mit Hilfe der vergleichenden Anatomie können Pflanzen und Tiere in verwandte Gruppen eingeteilt werden. Es gibt unter ihnen auch Formen, die sich keiner Gruppe zuordnen lassen; sie tragen die Merkmale von zwei Gruppen und vermitteln auf diese Weise zwischen ihnen. Solche Organismen bezeichnet man als «Zwischenformen».

So steht zwischen den Anneliden (Ringelwürmer) und den Arthropoden (Gliederfüßler) *Peripatus,* ein sogenannter Stummelfüßler, der teils wie ein Wurm, teils wie eine Raupe aussieht. Sein Körper trägt als Anneliden-Merkmal an jedem Rumpfsegment ein Paar stummelförmige, bewegliche Gliedmaßen. An die Anneliden erinnern außerdem die segmentalen Ausscheidungsorgane. Als Arthropoden-Merkmal besitzt *Peripatus* eine einheitliche Leibeshöhle, durch die das Blut befördert wird.

Peripatus

Vertreter der Gattung *Canis* (Hunde): Wolf und vom Menschen gezüchtete Haushundrassen.

Serologische Beweise

Die Serologie beschäftigt sich mit der Zusammensetzung des Blutserums und mit seinen Veränderungen. Von besonderem Interesse sind hierbei die im Blutserum enthaltenen Eiweißstoffe, deren Hauptaufgabe es ist, Infektionen abzuwehren. Die Zusammensetzung dieser Eiweißkörper ist von Organismenart zu Organismenart verschieden. Auf sehr einfache Weise lassen sich diese Unterschiede dadurch feststellen, daß bei der Mischung von Blut verschiedener Arten eine Agglutination (Verklumpung) eintritt. Je nach dem Verwandtschaftsgrad der untersuchten Organismen ist diese Agglutination stark (weite bis keine Verwandtschaft) oder gering (enge Verwandtschaft). Somit liefert auch die Serologie Beweise für die Evolutionstheorie.

Haustiere und Kulturpflanzen

Hunde, Katzen, Pferde, Rinder und Geflügel zeigen in sehr eindrucksvoller Weise, wie sehr Tiere durch den Menschen verändert werden können. Collie, Windhund, Bulldogge, Dackel und Pudel z. B. unterscheiden sich im Körperbau und in ihren Leistungen teilweise so stark, daß man sie – fände man sie in der freien Natur – verschiedenen Arten zuordnen würde. Und doch gehören sie alle einer einzigen Art an, da sie sich untereinander fruchtbar fortpflanzen könnten.

Auch die heutigen Kulturpflanzen wurden aus Wildformen gezüchtet. So entstanden Pflanzen, die sich durch einen höheren Ertrag oder eine bessere Qualität auszeichnen oder die weniger anfällig gegen bestimmte Krankheiten sind. Der Mensch hat bei der Züchtung von Pflanzen und Tieren immer nur die Merkmale ausgewählt, die ihm wertvoll erschienen. Die Natur dagegen wählt stets Merkmale aus, die für die Organismen selbst von Nutzen sind. Aus diesem Grund können auch viele Zuchtrassen in der freien Natur nicht weiterbestehen. Beiden Prozessen gemeinsam ist jedoch das Prinzip der «Auswahl».

Systematische Beweise

Die Systematik als die Lehre von der Klassifizierung der Lebewesen liefert weitere Beweismittel. Viele Arten bilden sogenannte geographische oder auch ökologische Rassen aus (siehe Seiten 58–60). Die Rassen einer Art mischen sich im allgemeinen untereinander. Werden sie jedoch z. B. durch geologische Veränderungen vorübergehend voneinander getrennt, so kann bei einem späteren erneuten Kontakt plötzlich keine Rassenmischung mehr eintreten; die beiden Formen leben wie Arten nebeneinander. Auch bei ökologischen Rassen können bestimmte Faktoren zur Entstehung neuer Arten führen.
So bilden sich ständig neue Rassen, Varietäten und Arten, ein Wandel, ohne den keine Evolution stattfinden könnte.

Normale Abweichungen innerhalb der Familie der Katzen (Felidae)

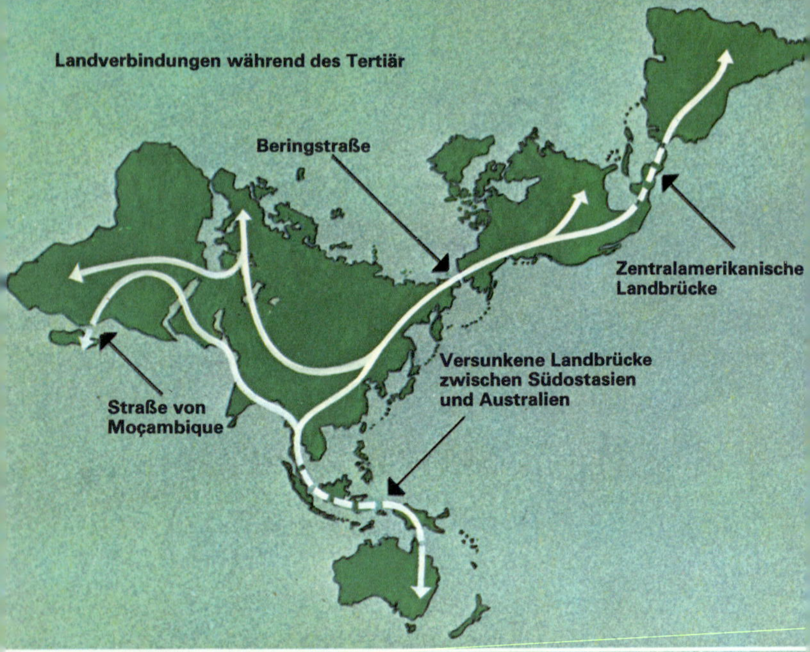
Landverbindungen während des Tertiär
Beringstraße
Zentralamerikanische Landbrücke
Versunkene Landbrücke zwischen Südostasien und Australien
Straße von Moçambique

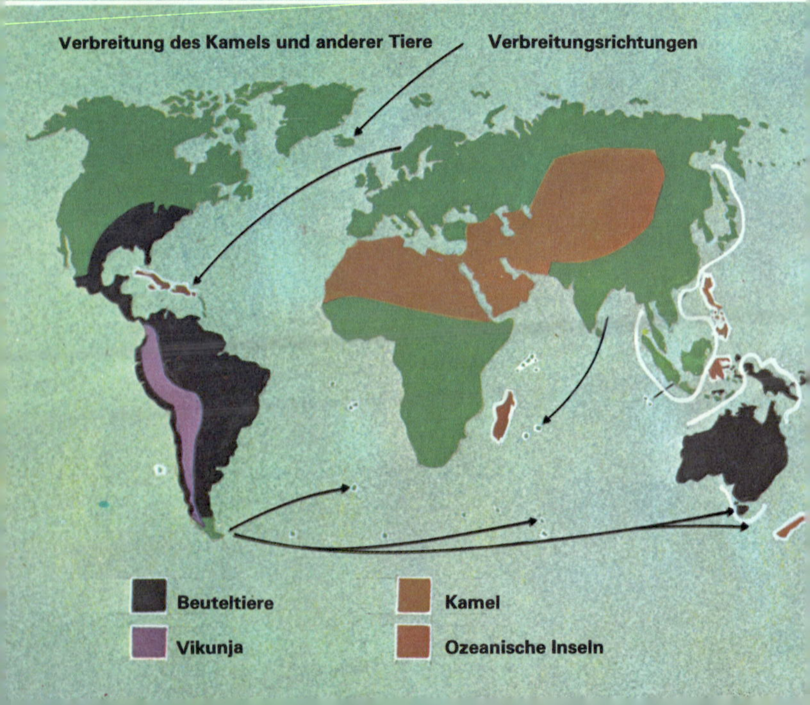
Verbreitung des Kamels und anderer Tiere
Verbreitungsrichtungen
Beuteltiere
Vikunja
Kamel
Ozeanische Inseln

Die geographische Verbreitung

Noch mehr als das Aufzeigen neuer Organismenarten interessierte Darwin die Verwandtschaft zwischen ausgestorbenen Tieren und ihren noch lebenden Vertretern. Während seiner Reise mit der «Beagle» sammelte er darüber zahlreiche Informationen. Er war überrascht, als er feststellte, daß sich in bestimmten Gebieten Arten erhalten hatten, deren Verwandte in erdgeschichtlicher Vergangenheit in anderen Gebieten verbreitet waren. Beide Gebiete waren heute durch Hunderte von Kilometern, durch Bergketten oder andere physikalische Gegebenheiten voneinander getrennt. Es gelang ihm jedoch, anhand von Fossilien nachzuweisen, daß die betreffenden Tierarten auch in den dazwischenliegenden Gebieten gelebt hatten. Sie waren in vorgeschichtlicher Zeit an ihre heutigen Fundorte gezogen und in den einst von ihnen besiedelten Gebieten ausgestorben.

Weltweit verbreitete Gruppen, sogenannte kosmopolitische Gruppen, gibt es nur wenige. Meist sind es fliegende Tiere wie Insekten, Fledermäuse oder Vögel, die viel weiter verbreitet sind als nichtfliegende. Die meisten Tierarten oder -gruppen besitzen heute ein bestimmtes Verbreitungsgebiet, das u.a. bestimmt wird durch die geographischen und klimatischen Veränderungen, die im Verbreitungsgebiet stattgefunden haben.

Von großer Bedeutung sind auch die ehemaligen Landverbindungen zwischen den großen Kontinenten. Vergleicht man Arten zwischen Kontinenten ohne eine Landverbindung, so sind diese oft ganz verschieden. Bestanden jedoch Landverbindungen oder auch nur Meeresstraßen, so sind die Arten ähnlicher. Im Tertiär gab es bemerkenswerte Veränderungen in den Verbindungen zwischen den Landmassen. Die äthiopische Region (Afrika südlich der Sahara und Südarabien umfassend) wurde durch einen plötzlichen Klimawechsel von der paläarktischen Region (nördliches Europa und Asien umfassend) getrennt. Vom Eozän bis ins Pleistozän hinein war die Landverbindung zwischen Nord- und Südamerika unterbrochen; am Ende der Kreidezeit wurde die australische Region von Südostasien abgetrennt.

Zahlreiche Beweise sprechen dafür, daß sich viele Lebewesen von der zentralen holoarktischen Region aus (gemäßigte und kalte Zonen der Nordkontinente) verbreitet haben. Frühe Formen, z. B. Beuteltiere, Kloakentiere und Lungenfische, haben sich als Reste meist auf den äußersten südlichen Landmassen bis heute erhalten.

MECHANISMEN DER EVOLUTION

Mendel

Mit der Vererbungslehre ist untrennbar der Name Gregor Mendel verbunden. Seine entscheidende Entdeckung machte er im Jahre 1865, doch blieb sein Werk bis zur Jahrhundertwende – 20 Jahre nach seinem Tode – unbeachtet. Wer aber war Mendel, und in welchem Zusammenhang steht er mit der Evolution?
Johann Mendel wurde im Jahre 1822 in dem schlesischen Dorf Heinzendorf geboren. Seine Eltern waren dort Landwirte. Er war ein ausgezeichneter Schüler und später ein sehr guter Student. Doch das Leben während seiner Universitätszeit in Olmütz war nicht einfach für ihn. Er arbeitete hart, besaß nur wenig Geld und konnte sich deshalb auch nie ausreichend ernähren. So wurde er zweimal schwer krank. Seine Familie beschloß deshalb, er solle als Novize in das Kloster Olmütz eintreten. Am 9. Oktober 1843 wurde er dort unter dem Namen «Gregor» aufgenommen. Er wurde zunächst Laienbruder, später Geistlicher und Gymnasialprofessor in der Stadt Brünn. Im Oktober 1851 entschloß er sich, noch einmal Student zu werden. Er ging nach Wien und studierte dort bis zum August 1853 Naturwissenschaften.

Nach seiner Rückkehr begann er seine Kreuzungsversuche mit Erbsen. Von 34 ihm bekannten Sorten eßbarer Erbsen wählte er 22 für seine Versuche aus, um damit die statistischen Beziehun-

De Vries und andere erkannten die große Bedeutung von Mendels Werk.

Mendel (unten und links); aufgrund seiner Untersuchungen an Erbsen formulierte er mehrere Vererbungsgesetze.

gen zwischen den verschiedenartigen Nachkommen zu ermitteln. Er fand dabei ganz bestimmte Gesetzmäßigkeiten, wie sich die beobachteten Merkmale auf die folgenden Generationen verteilten.
Nachdem Mendel seine Versuche abgeschlossen hatte, trug er seine Ergebnisse im Jahre 1865 der Naturforschenden Gesellschaft in Brünn vor. Doch es fehlte zu dieser Zeit noch jede Grundlage, um die in seinen Untersuchungen auftretenden Zahlenverhältnisse richtig deuten zu können, und so wurde die große Bedeutung der Mendelschen Gesetze damals noch nicht erkannt.
Im Jahre 1868 wurde Gregor Mendel zum Abt des Klosters Olmütz ernannt. Er fand nur noch wenig Zeit, seine Forschungen fortzusetzen. Im Januar 1884 starb Mendel in Brünn. Erst im Jahre 1900 stießen unabhängig voneinander drei Forscher auf Mendels vergessene Veröffentlichungen und wiesen auf ihre große Bedeutung hin: De Vries aus Holland, Correns aus Deutschland und Tschermak aus Österreich.

Die Mendelschen Gesetze

Mendel wählte für seine Kreuzungsversuche die Gartenerbse *Pisum sativum* aus und untersuchte folgende Merkmale: Länge des Stieles – lang (etwa 1,80–2,15 m) oder kurz (etwa 23–45 cm), Farbe der unreifen Schoten – grün oder gelb, Form der reifen Samen – glatt oder runzlig.

Zuerst verwendete Mendel eine hochwachsende Sorte (etwa 1,80 m) und kreuzte sie mit einer niedrigwachsenden (etwa 30 cm). Er erhielt Samen, aus denen nur hochwachsende Pflanzen entstanden. Bestäubte er diese hochwachsenden Pflanzen anschließend mit ihrem eigenen Pollen, so entstanden dabei 75% hochwachsende und 25% niedrigwachsende Pflanzen (Verhältnis 3:1). Nun bestäubte er diese zweite Generation wieder mit sich selbst. Aus den niedrigwachsenden Pflanzen gingen jetzt immer wieder nur niedrigwachsende Pflanzen hervor, sie waren demnach reinrassig. Von dem ganzen Dreiviertel der hochwachsenden Sorte züchtete nur ein Viertel der Pflanzen rein weiter, während die restliche Hälfte in den folgenden Generationen immer wieder hochwachsende und niedrigwachsende Pflanzen im Verhältnis 3:1 hervorbrachte.

Mendel führte über 10 000 Kreuzungsversuche an Erbsen durch, bei denen er die verschiedensten Merkmale verwendete. Es fiel ihm dabei auf, daß bestimmte Merkmale (z. B. niedrigwachsend) nicht in Erscheinung traten, wenn sie gemeinsam mit bestimmten anderen Merkmalen (z. B. hochwachsend) vorkamen. Sie konnten jedoch, wenn sie in der einen Generation verdeckt waren, in einer späteren Generation wieder erscheinen. Mendel bezeichnete diese Merkmale als «rezessiv», im Gegensatz zu den «dominanten» Merkmalen, welche die rezessiven verdecken.

In Mendels Versuchen war also das Merkmal hochwachsend dominant über das rezessive Merkmal niedrigwachsend, so daß alle Pflanzen der 1. Tochtergeneration hochwachsend wurden. Befruchtete diese Generation wieder sich selbst, so konnten die beiden Merkmale in vier verschiedenen Kombinationen vererbt werden: hochwachsend/hochwachsend, niedrigwachsend/niedrigwachsend, hochwachsend/niedrigwachsend und niedrigwachsend/hochwachsend. Die ersten beiden Kombinationen können also bei erneuter Selbstbefruchtung nur noch hochwachsende bzw. niedrigwachsende Pflanzen liefern, während aus den anderen beiden Kombinationen immer wieder hochwachsende und niedrigwachsende Pflanzen im Verhältnis 3:1 hervorgehen.

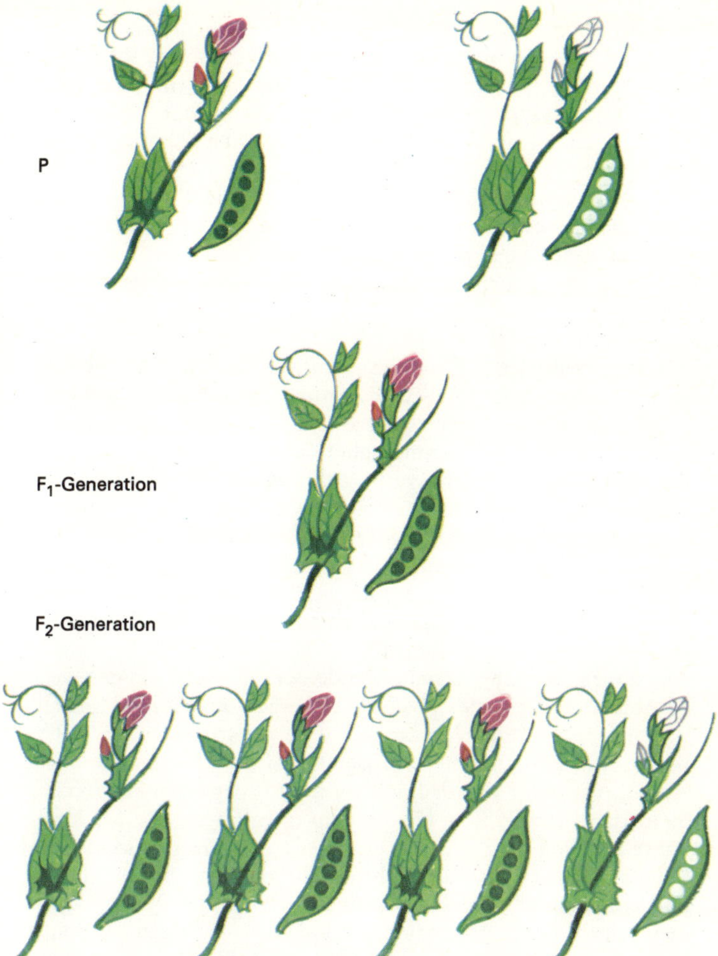

In dieser Kreuzung ist z. B. ein Merkmal für die Samenfarbe in der F_1 unterdrückt. Nach Selbstbestäubung der F_1 erscheint das Merkmal bei ¼ der F_2 wieder.

Aufgrund seiner Untersuchungen formulierte Mendel sein 1. Mendelsches Gesetz: Kreuzt man zwei verschiedene reine Rassen einer Art, die sich nur in einem Erbmerkmal unterscheiden, so sehen alle Nachkommen gleich (uniform) aus.

Mendel setzte seine Arbeiten fort und untersuchte als nächstes Pflanzen, die sich nicht nur in einem Merkmalspaar, sondern in zwei Merkmalspaaren unterschieden. Alles in allem untersuchte er sieben Merkmalspaare: Samenfarbe, Samenoberfläche, Blütenfarbe, Länge des Stieles, Farbe der unreifen Schoten, Gestalt der Schoten und Stellung der Blüten.
Seine Versuchsmethode war die gleiche, wie sie für das erste Gesetz beschrieben wurde, nur registrierte Mendel diesmal statt getrennter Häufigkeiten diejenigen Häufigkeiten, mit der jedes Merkmal zusammen mit dem oder den anderen Merkmal(en) erschien.

Als Merkmalspaar wählte er Samenform und Samenfarbe. Die reinen Elternrassen besaßen glatte und gelbe Samen einerseits, runzlige und grüne Samen andererseits. In der 1. Tochtergeneration hatten alle Nachkommen glatte und gelbe Samen und zeigten damit die Dominanz von «glatt» über «runzlig» und von «gelb» über «grün» an. Mendel kreuzte diese F_1-Nachkommen durch Selbstbefruchtung wieder unter sich, und es traten jetzt vier verschieden kombinierte Merkmalspaare auf: 9 Pflanzen besaßen glatte und gelbe Samen, 3 Pflanzen glatte und grüne Samen, 3 Pflanzen runzlige und gelbe Samen und 1 Pflanze besaß runzlige und grüne Samen.
Aus diesem Ergebnis konnte Mendel sein «Gesetz von der Neukombination der Gene» ableiten. Es besagt: Kreuzt man Rassen, die sich in mehreren Merkmalspaaren unterscheiden, so treten bei den Nachkommen neue Zusammenstellungen von Merkmalen auf, und zwar jeweils mit einer ganz bestimmten Häufigkeit. Es ist dabei gleichgültig, ob von dem einen Elternteil zwei dominante und von dem anderen Elternteil zwei rezessive Merkmale mitgebracht werden oder ob beide Elternteile je ein dominantes und ein rezessives Merkmal aufweisen: 9/16 der F_2-Nachkommen zeigen immer dominante Merkmale, 3/16 zeigen ein dominantes und ein rezessives, 3/16 das andere dominante und das andere rezessive Merkmal, 1/16 der Nachkommen zeigen rezessive Merkmale.
Mendel hatte damit erkannt, daß viele Merkmale der Organismen durch voneinander unabhängige Erbfaktoren übertragen werden. Diese Erbfaktoren sind stets rein, sie vermischen sich nicht und werden bei der geschlechtlichen Zeugung vor der Befruchtung auf getrennte Zellen verteilt.

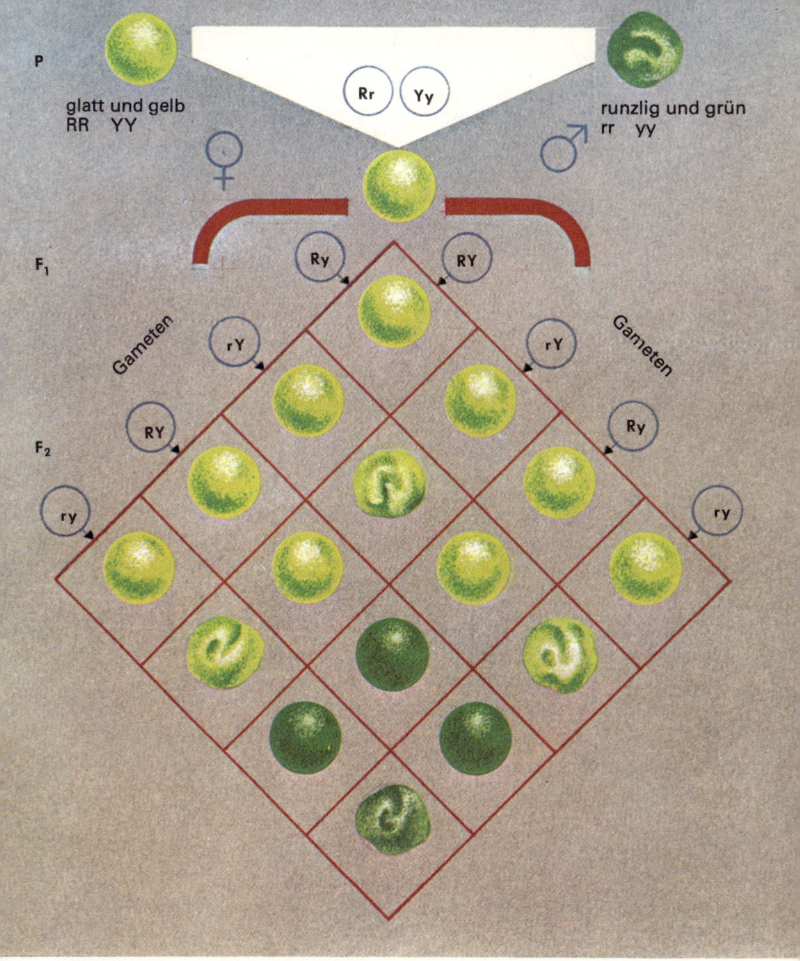

Dihybride Kreuzung: als Merkmalspaare Samenform und Samenfarbe.

Die hier behandelten Gesetze werden im allgemeinen Sprachgebrauch als das 1. bzw. 3. Mendelsche Gesetz bezeichnet. Das 2., hier nicht gesondert aufgeführte Gesetz behandelt das Nachkommenverhältnis in der F_2-Generation nach einer Kreuzung der F_1-Individuen unter sich.

Begriffe aus der Vererbungslehre

Allel: Ein Allel ist eine bestimmte Erscheinungsform eines Gens, z. B. das Allel für hohen Wuchs, das Allel für niedrigen Wuchs.

Crossing-over (auch cross-over): Überkreuzung von gepaarten homologen Chromosomen und Austausch von Chromosomenstücken.

Dihybride Kreuzung: eine Kreuzung von Individuen, die sich in zwei Merkmalen unterscheiden. In der F_2-Generation entstehen aus den vier möglichen Erbsätzen 16 Kombinationen, die sich zu vier Phänotypen zusammenfassen lassen. Diese stehen im Verhältnis 9:3:3:1 (Dihybriden-Verhältnis).

Diploid: Außer den Gameten sind sämtliche Zellen der Tiere «diploid», d. h. mit je einem väterlichen und einem mütterlichen Chromosomensatz versehen. Folglich ist auch jedes Gen zweimal vorhanden, einmal als väterliches Allel und einmal als mütterliches Allel.

Dominant: Von zwei ungleichen Allelen eines Genpaares setzt sich das eine im Erscheinungsbild durch und ist damit «dominant» über das andere.

Freie Kombinierbarkeit: Elterliche Anlagen können unabhängig voneinander auf die Nachkommen übertragen werden.

Gameten: männliche und weibliche Geschlechtszellen mit haploidem Chromosomensatz.

Gene: Die Gene oder Mendelschen Erbfaktoren sind Teilstücke des Vererbungsmaterials und beeinflussen die Ausbildung bestimmter Merkmale.

F_1-Generation (1. Tochtergeneration): die Nachkommenschaft zweier reinrassiger Eltern.

F_2-Generation (2. Tochtergeneration): die Nachkommenschaft aus der Kreuzung der F_1-Individuen mit sich selbst.

Haploid: einfacher Chromosomensatz, z. B. bei Gameten auftretend.

Homozygot, heterozygot: Enthalten zwei sich vereinigende Gameten dieselben Erbfaktoren, so nennt man das entstehende Individuum «homozygot» oder «reinerbig»; sind die beiden Gameten in ihren Erbfaktoren verschieden, so ist das entstehende Individuum «heterozygot» oder «mischerbig». So sind z. B. die von Mendel verwendeten Elternpflanzen stets homozygot, da sie zwei gleiche Allele für hochwachsend bzw. für niedrigwachsend besitzen. Die Nachkommen der F_1-Generation sind dagegen heterozygot, weil ein einziges Individuum sowohl das

Allel für hochwachsend als auch das Allel für niedrigwachsend enthält.

Hybriden: heterozygote Individuen, z. B. Mendels F_1-Generationen. Sie sind aus der Kreuzung von Elternformen entstanden, die sich in einem oder mehreren Merkmalen unterscheiden. Differieren die Eltern in einem Merkmal, z. B. hochwachsend oder niedrigwachsend, so nennt man die Nachkommen Monohybriden; unterscheiden sie sich in zwei Merkmalspaaren, so entstehen Dihybriden (vgl. dihybride Kreuzung).

Koppelung: Viele Merkmale erweisen sich als nicht frei kombinierbar, sondern als gruppenweise «gekoppelt»; sie werden als Gruppe weitervererbt und bleiben so in aufeinanderfolgenden Generationen zusammen.

Meiose: Zellteilung, bei welcher der diploide Chromosomensatz auf die Hälfte reduziert wird. Meist ist dies bei der Bildung der Geschlechtszellen (Gameten) der Fall.

Mitose: Zellteilung ohne Änderung des Chromosomensatzes.

Monohybride Kreuzung: eine Kreuzung von Individuen, die sich in einem Merkmal unterscheiden. Das in der F_2-Generation auftretende Monohybriden-Verhältnis ist 1:2:1 (= 1 hochwachsendes Individuum, homozygot; 2 hochwachsende Individuen, heterozygot; 1 niedrigwachsendes Individuum, homozygot).

Phänotyp: die äußere Erscheinungsform eines Organismus, unabhängig von seiner genetischen Beschaffenheit.

Reine Rasse: eine Gruppe von Individuen, die in Bezug auf bestimmte Eigenschaften unter sich homozygot sind. Sie sind entstanden durch die Vereinigung von Gameten mit gleichen Erbfaktoren. Vollkommen reine Rassen, die in allen Erbfaktoren übereinstimmen, lassen sich nur in darauf ausgerichteten Versuchen erhalten, z. B. durch Selbstbefruchtung.

Reziproke Kreuzung: Zwei Kreuzungen werden als «reziprok» bezeichnet, wenn das Geschlecht der Eltern vertauscht wird.

Rezessiv: Von zwei ungleichen Allelen eines Genpaares wird das eine im Erscheinungsbild unterdrückt, es ist «rezessiv». Sichtbar wird es nur, wenn es homozygot ist.

Rückkreuzung: die Kreuzung der F_1-Individuen mit der einen oder anderen Elternform.

Zygote: Verschmelzungsprodukt zwischen männlicher und weiblicher Geschlechtszelle.

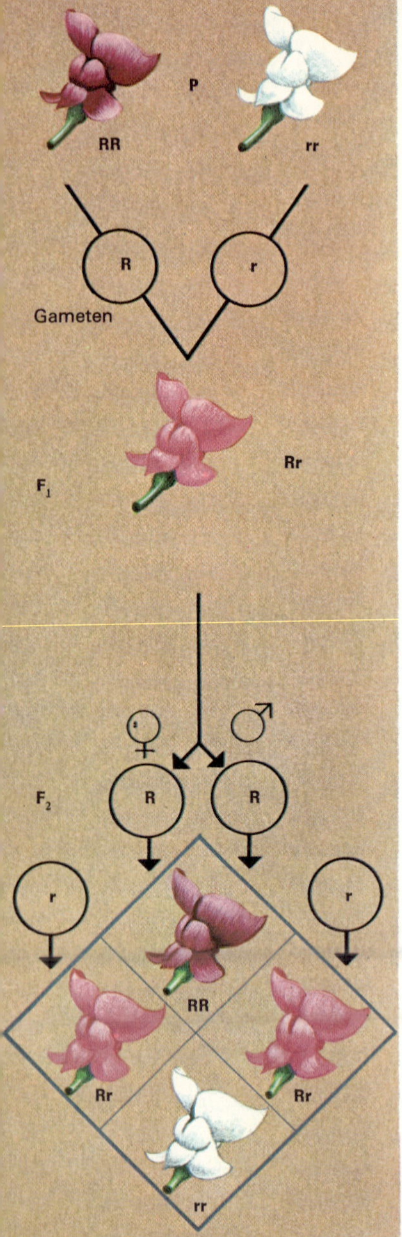

Intermediärer Erbgang

Das 1. Mendelsche Gesetz gibt für die F_1-Generation gleichartige Nachkommen an, wobei es – wie schon erwähnt – zur Ausbildung eines dominanten Merkmals kommt. Bei manchen Kreuzungen jedoch scheint es eine solche Dominanz nicht zu geben. Die Nachkommen in der F_1-Generation nehmen im Aussehen eine Zwischenstellung zwischen den beiden Elternrassen ein, sie sind «intermediär». Kreuzt man z. B. in einer monohybriden Kreuzung eine schwarze Hühnerrasse mit einer ganz bestimmten weißen, so sind die heterozygoten, intermediären Nachkommen stark schwarz und weiß gesprenkelt (= «blau»). Kreuzt man diese Individuen der F_1-Generation wieder unter sich, so sind in der F_2-Generation 1/4 der Individuen schwarz, 1/2 sind intermediär «blau» und 1/4 sind weiß. Es entsteht also das Monohybriden-Verhältnis 1:2:1. Aus dem Pflanzenreich ist ein intermediärer Erbgang vom Löwenmäulchen *(Antirrhium)* bekannt. Kreuzt man rote und weiße Formen, so sind die F_1-Hybriden rosa, d. h. wenn die Allele R und r zusammentreffen, ist keines von beiden dominant und die heterozygoten, intermediären Nachkommen Rr blühen rosa.

P
lau» oder weiß-gesprenkelt
F1
F2
F2
F3
F3
F2
F2
F3
F3

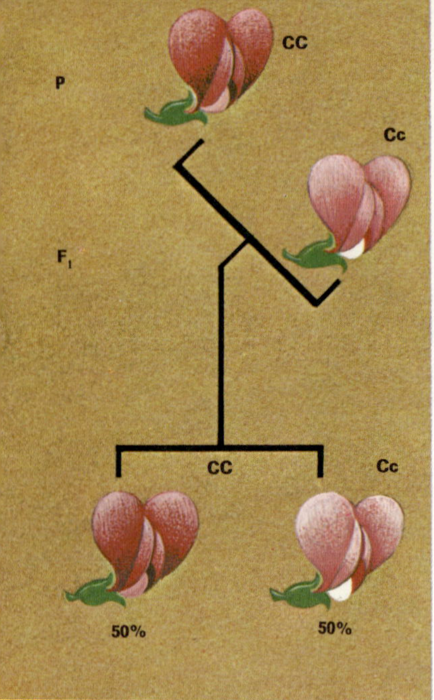

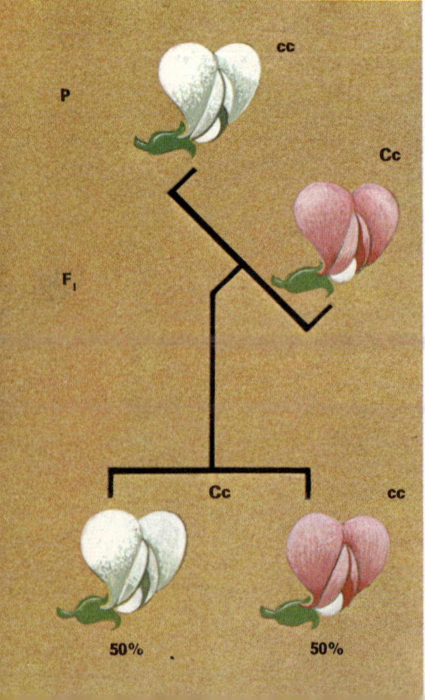

Rückkreuzungen

Bei einer Rückkreuzung werden die F_1-Individuen mit dem einen oder dem anderen Elternteil gekreuzt. Die in der Abbildung dargestellte rotblühende F_1-Hybride ist heterozygot (Cc) und aus der Kreuzung einer homozygoten rotblühenden Form (CC) mit einer homozygoten weißblühenden Form (cc) entstanden. Bei der Gametenbildung, die vor jeder Kreuzung stattfindet, entstehen für den rotblühenden Elternteil Gameten mit den Genen C, für den weißblühenden Elternteil Gameten mit den Genen c. Die heterozygote F_1-Hybride produziert Gameten mit dem Gen C und Gameten mit dem Gen c. Folglich treten bei einer Rückkreuzung des F_1-Individuums (Cc) mit dem rotblühenden Elternteil (CC) nur rotblühende Pflanzen auf, die jedoch zu 50% homozygot (CC) und zu 50% heterozygot (Cc) sind. Dasselbe Zahlenverhältnis tritt auf bei der Rückkreuzung mit dem homozygoten weißblühenden Elternteil (cc). Die Nachkommen aus der Rückkreuzung sind also zur Hälfte Dominante, zur Hälfte Rezessive; das F_1-Individuum muß demnach heterozygot gewesen sein, andernfalls glichen alle Nachkommen aus der Rückkreuzung dem dominanten Elternteil.

Letalfaktoren

Gameten, die verschiedene Allele eines Gens enthalten, spalten nach dem 1. Mendelschen Gesetz im Verhältnis 3 Dominante zu 1 Rezessiven auf. Doch wie bei allen Regeln, so gibt es auch hier Ausnahmen. Kreuzt man z. B. Mäuse mit gelblichem Fell (Erbformel Ay a), so treten in der Nachkommenschaft Mäuse mit gelblichem Fell (Ay a) und Mäuse mit nicht-gelbem Fell (aa) im Verhältnis 2:1 auf (siehe Abbildung). Die Anzahl der Mäuse pro Wurf ist dabei um etwa 1/4 (25%) kleiner als bei einer Kreuzung von gelblichen (Ay a) mit nicht-gelben Mäusen (aa), und es fällt auf, daß die Allel-Kombination Ay Ay fehlt. Man fand heraus, daß ein solch abnormes Aufspaltungsverhältnis von 2:1 dann auftritt, wenn bestimmte Allele homozygot vorliegen, hier das Allel Ay für das Merkmal gelbes Fell. In Verbindung mit dem rezessiven Allel a für das Merkmal nicht-gelbes Fell verändert das Allel Ay nur die Fellfarbe ins Gelbliche; doch in der Allel-Kombination Ay Ay führt es zum Absterben des Embryos auf einer bestimmten Entwicklungsstufe. Man spricht deshalb auch von Letal-Allelen oder Letalfaktoren (letal = tödlich).

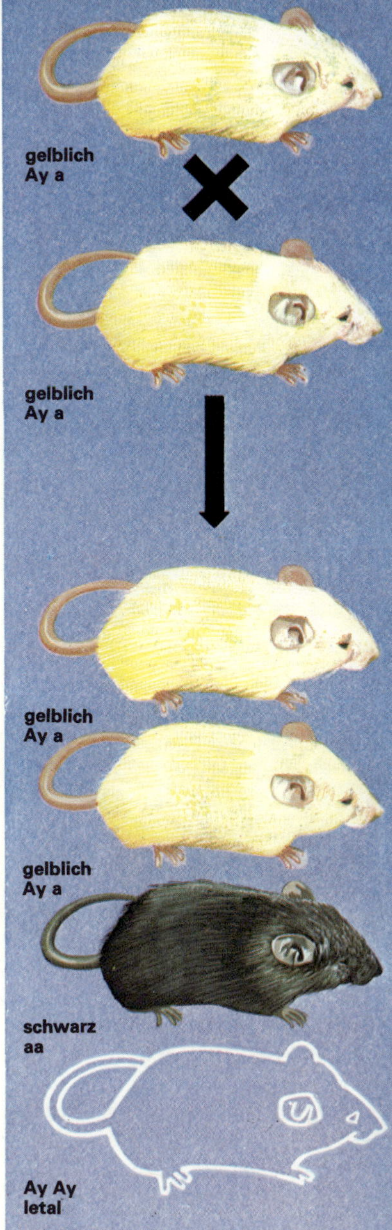

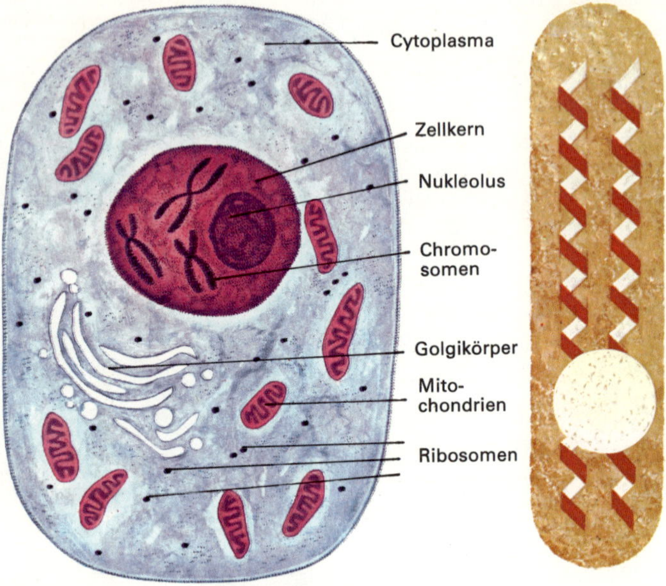

Schema einer Zelle und eines Chromosoms.

Zellen und Chromosomen

Tiere und Pflanzen sind im allgemeinen aus mikroskopisch kleinen Einheiten, den Zellen, aufgebaut. Diese setzen sich normalerweise aus dem Zellplasma (Cytoplasma), der Zellwand (Zellmembran), einem Kern (Nukleus) und einigen im Cytoplasma liegenden Sonderstrukturen zusammen.

Das Cytoplasma ist eine farblose, mehr oder weniger zähe Flüssigkeit. Es enthält u. a. die Mitochondrien, die für den Atmungsstoffwechsel der Zelle von Bedeutung sind, den Golgikörper, dessen Funktion noch nicht endgültig geklärt ist, und die Centrosomen, die bei der Zellteilung eine Rolle spielen.

Der Zellkern ist durch eine Kernwand vom Cytoplasma getrennt. Er enthält die Chromosomen, die Träger der Erbinformation.

Das Wachstum einer Zelle geschieht durch Zweiteilung. In diesem Prozeß, Mitose genannt, wird die Zelle in zwei vollkommen gleichartige Zellen geteilt. In den Zellkernen laufen dabei regelmäßig geordnete Prozesse ab:

Interphase: der Zustand zwischen zwei Zellteilungen. Die Chromosomen sind unsichtbar.
Prophase: Die Chromosomen werden zunächst als fädige Strukturen, später als haken- oder schraubenförmige Gebilde sichtbar. Die Kernwand zerfällt, bei tierischen Zellen teilt sich außerhalb des Kernes das Centrosom.
Metaphase: Die Chromosomen wandern in die Teilungsebene der Zelle und spalten sich der Länge nach in jeweils zwei Einzelfäden (Chromatiden).
Anaphase: Von jedem Paar Chromatiden bewegt sich eines zu einem der beiden Pole hin. Sie werden dabei von Spindelfasern geführt, die strahlenförmig von den Polen ausgehen. Bei tierischen Zellen befindet sich dort das geteilte Centrosom.
Telophase: Die getrennten Chromatiden strecken sich und verlieren ihre deutliche Gestalt. Es bilden sich neue Kernwände und das Cytoplasma wird geteilt. Die Kerne gehen wieder in den Interphase-Zustand über.
Da jede Zelle nach Ablauf der Mitose nur die Spalthälfte jedes Chromosoms enthält, bei der nächsten Teilung aber jede Hälfte

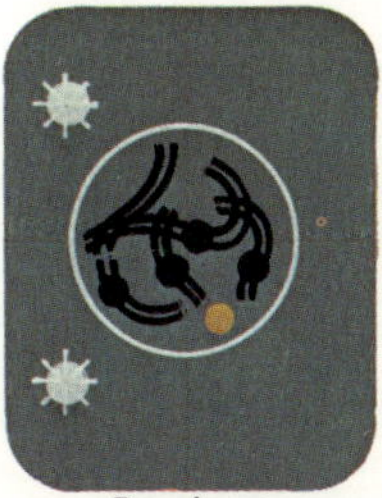
Prophase

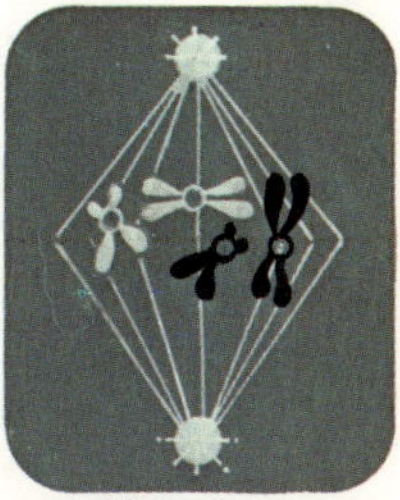
Metaphase

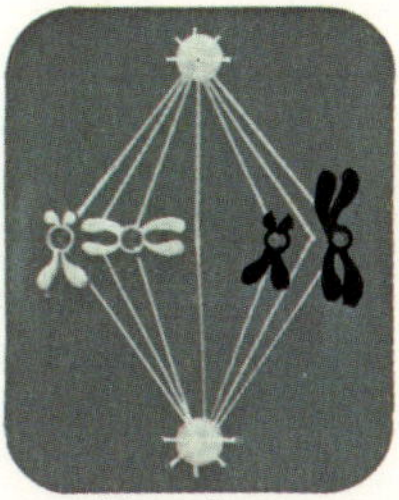
Metaphase

Schematische Darstellung von Mitose-Stadien

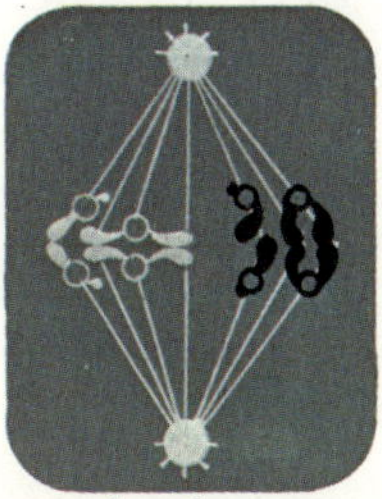
Anaphase

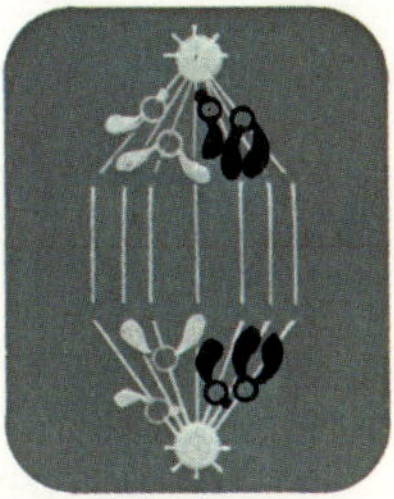
Telophase

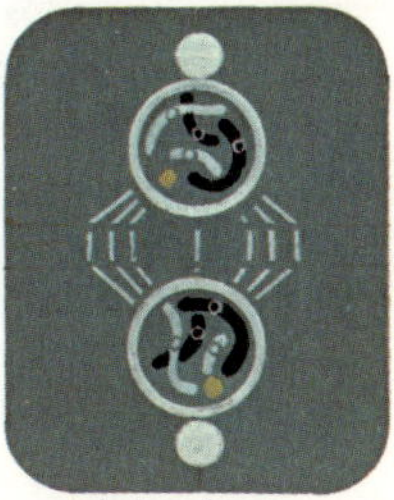
Interphase

Meiose-Stadien

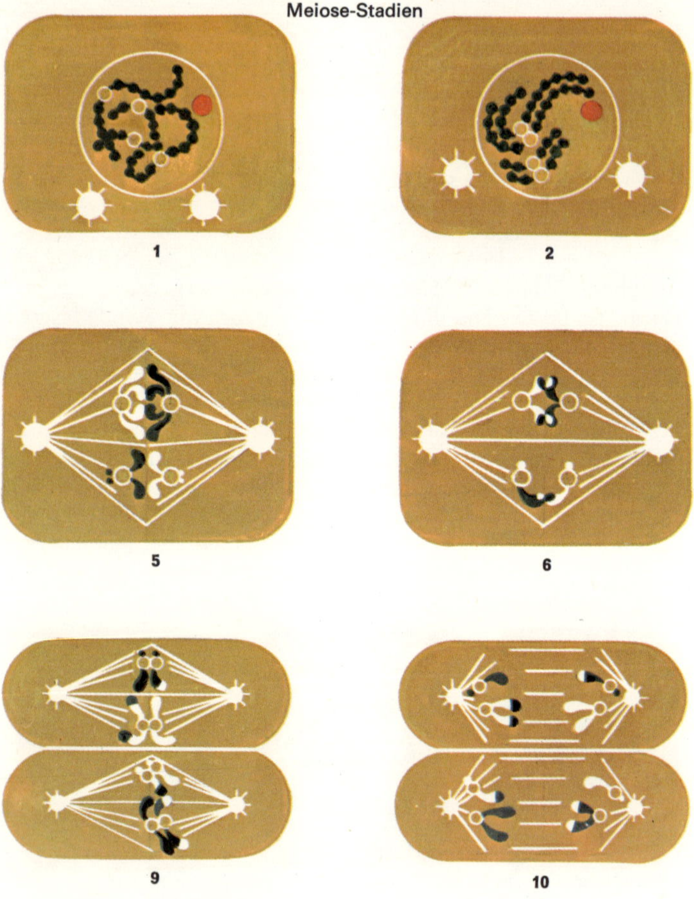

wieder als Doppelfaden sichtbar wird, müssen die einzelnen Chromatiden in der Interphase wieder verdoppelt werden.

Anders verläuft die Meiose. Sie vermindert den normalen diploiden Chromosomenbestand eines Individuums auf die Hälfte. Andernfalls würde die Chromosomenzahl, die bei jeder Befruchtung verdoppelt wird, von Generation zu Generation immer mehr anwachsen.

Bei den meisten Organismen findet die Meiose vor der Befruchtung während der Reifung der Geschlechtszellen statt. Die Be-

Meiose-Stadien

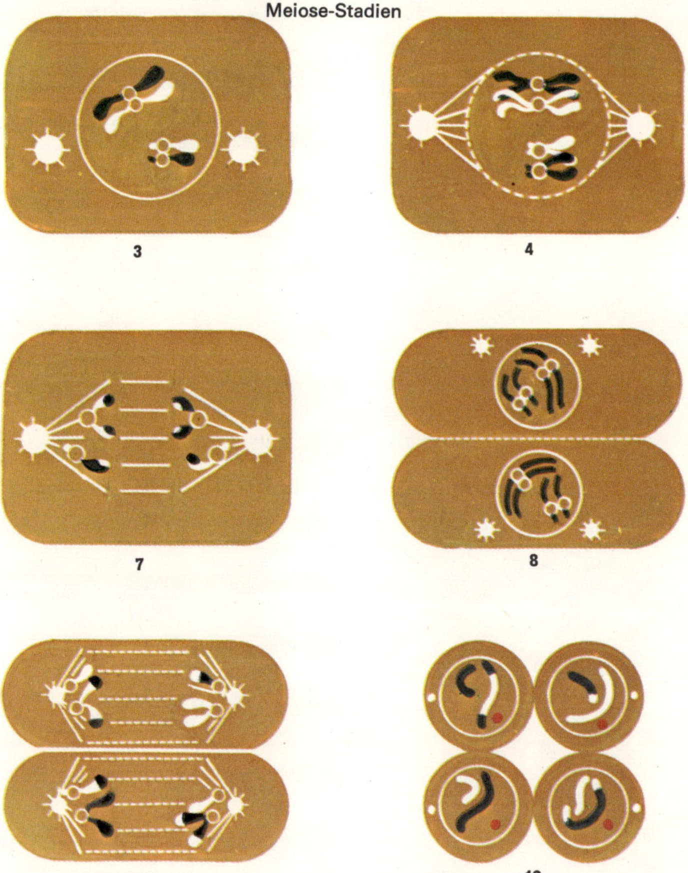

deutung der Meiose liegt darin, daß in zwei hintereinander ablaufenden Teilungen aus einer Zelle mit diploidem Chromosomensatz vier Zellen mit haploidem Satz entstehen. In der 1. Teilung wird in der Regel der diploide Satz auf die Hälfte reduziert. Entsprechende väterliche und mütterliche Chromosomen legen sich paarweise längs gegenüber; bei der Teilung wandern dann ganze Chromosomen zu den Spindelpolen. In der 2. Teilung erfolgt die Trennung der ganzen Chromosomen in ihre Spalthälften, wie es bei der Mitose der Fall ist.

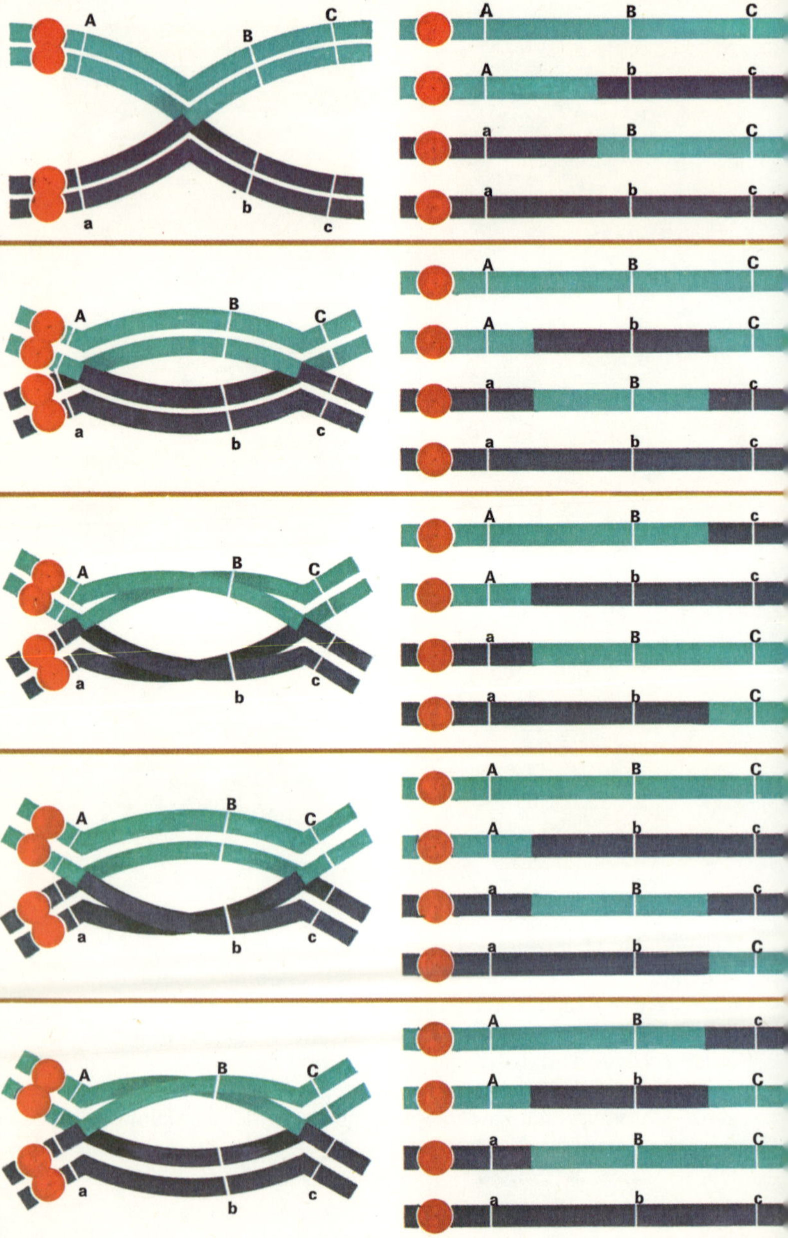
A B C
a b c
A B C
A b c
a B C
a b c
A B C
a b c
A B C
A b C
a B c
a b c
A B C
a b c
A B c
A b c
a B C
a b C
A B C
a b c
A B C
A b c
a B c
a b C
A B C
a b c
A B c
A b C
a B C
a b c

Genkoppelung und Crossing-over

Die Merkmale der Organismen werden also von den Genen bestimmt, die auf den Chromosomen lokalisiert sind. Doch wie sind die Gene dort angeordnet und in welcher Reihenfolge treten sie auf?

Es war Th. H. Morgan, dem es im Jahre 1910 erstmals gelang, für die Fruchtfliege *Drosophila melanogaster* eine einreihige Anordnung der Gene nachzuweisen und ihre genaue Reihenfolge im Chromosom zu bestimmen. Es war ihm sogar möglich, vollständige Chromosomenkarten für die Fruchtfliege aufzustellen.

Ausgangspunkt seiner Überlegungen war die sogenannte Genkoppelung. Es hatte sich nämlich gezeigt, daß doch nicht alle Erbanlagen in freier Kombination auf die Nachkommen übertragen, sondern daß einige Gene immer nur gemeinsam mit bestimmten anderen vererbt wurden. Eine solche «Genkoppelung» ist dadurch bedingt, daß immer mehrere Gene auf einem Chromosom liegen und daß jedes Chromosom nur als Ganzes weitervererbt wird.

Nun zeigte es sich aber, daß auch gekoppelte Merkmale gelegentlich unabhängig voneinander weitervererbt wurden. In solchen Fällen mußten die Chromosomen zerbrochen sein, es mußte ein «Koppelungsbruch» stattgefunden haben. Diese Annahme ließ sich auch beweisen. Der Bruch erfolgt bei der Paarung der Chromosomen in der Meiose. Die Chromosomen legen sich in dieser Phase so eng zusammen, daß es zwischen den Chromatiden zu Überkreuzungen («Chiasmata») oder auch zu Verklebungen kommen kann. Weichen die Chromosomen auseinander, so reißen sie an diesen oder auch an «falschen» Stellen und ein bestimmtes Stück eines Chromosoms bleibt an einem anderen haften. Diesen Stückaustausch zwischen gepaarten homologen Chromosomen nennt man «crossing-over». Diese Theorie spielte zusammen mit der Genkoppelung eine große Rolle bei der Aufstellung der Chromosomenkarten. Der Grundgedanke war, daß durch Stückaustausch zwei gekoppelte Gene um so häufiger voneinander getrennt werden, je weiter sie auf dem Chromosom voneinander entfernt liegen. Zwischen benachbarten Genen wird nur selten ein Koppelungsbruch auftreten. Morgan stellte außerdem die Austauschhäufigkeiten zwischen den Genpaaren einer Koppelungsgruppe fest und konnte so die genaue Lage der einzelnen Gene bestimmen.

«crossing-over» und entstehende Rekombinanten

Geschlechtsbestimmung

Das Geschlecht der Nachkommenschaft hat von jeher Biologen und Nichtbiologen gleichermaßen interessiert. Männchen oder Weibchen? Junge oder Mädchen? Wie kommt es zur Ausbildung des einen oder des anderen Geschlechtes? Erst zu Beginn des 19. Jahrhunderts gelang der endgültige Nachweis für den Mechanismus der Geschlechtsbestimmung.
Erste Hinweise hatten sich beim Studium der Insekten-Chromosomen ergeben. Die Zellkerne einiger männlicher Tiere besaßen – so stellte man fest – ein Chromosom weniger als die Zellkerne weiblicher Tiere, manchmal enthielten sie auch ein Chromosomenpaar, das aus ungleichen Partnern bestand und bei weiblichen Tieren in dieser Form nicht vorhanden war. Damit war es gelungen, die sogenannten Geschlechtschromosomen zu identifizieren. Sie bestehen im weiblichen Geschlecht aus zwei «X-Chromosomen», im männlichen Geschlecht aus einem «X-Chromosom», das mit einem in Größe und Form verschiedenen «Y-Chromosom» ein Paar bildet. Bei einigen Organismen kann dieses Y-Chromosom auch fehlen; man spricht dann von «X0-Typen».

Ungleiches Chromosomenpaar (links) und normales Paar (rechts)

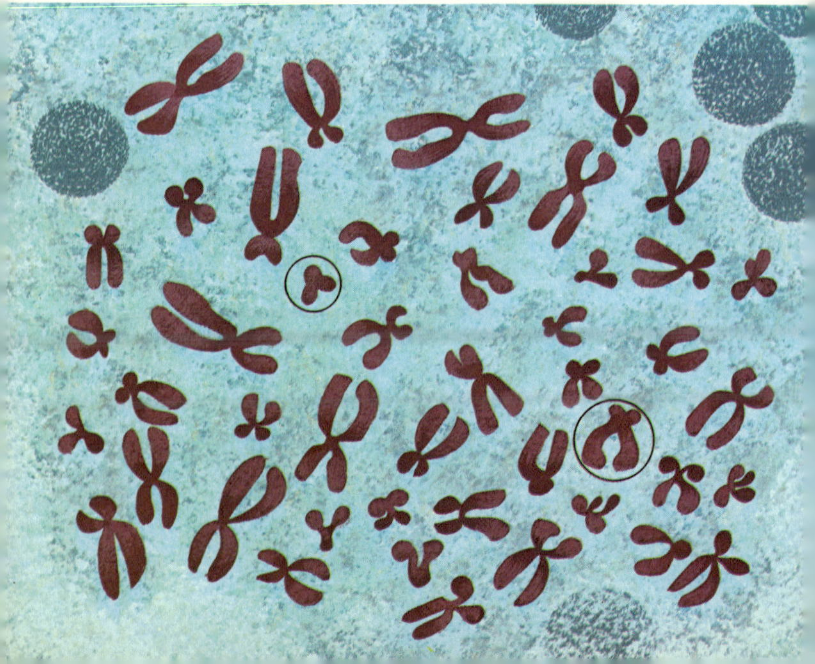

In bezug auf den geschlechtsbestimmenden Faktor ist demnach das weibliche Geschlecht mit der Erbformel XX als homozygot, das männliche Geschlecht mit der Erbformel XY als heterozygot aufzufassen.
Bei der Meiose bilden die Männchen zwei Gametenarten: X-tragende und Y-tragende. Beim X0-Typ besitzt die Hälfte der Gameten überhaupt kein Geschlechtschromosom. Die Weibchen bilden entsprechend nur Gameten mit je einem X-Chromosom. Aus der Vereinigung eines männlichen, X-tragenden Gameten mit einem weiblichen, X-tragenden Gameten entsteht eine XX-Zygote; aus ihr entwickelt sich ein weiblicher Organismus. Die Vereinigung eines Y-tragenden Gameten mit einem weiblichen, X-tragenden Gameten liefert einen männlichen Organismus. Das Geschlecht ist also im Augenblick der Befruchtung festgelegt.
Bei vielen Insekten, Säugetieren und beim Menschen ist das Männchen das heterozygote Geschlecht (XY). Bei Vögeln, Kriechtieren, einigen Lurchen und Schmetterlingen dagegen ist das weibliche Geschlecht heterozygot. Der Effekt bei der Befruchtung ist in allen Fällen der gleiche.

Schema der Geschlechtsbestimmung beim Menschen

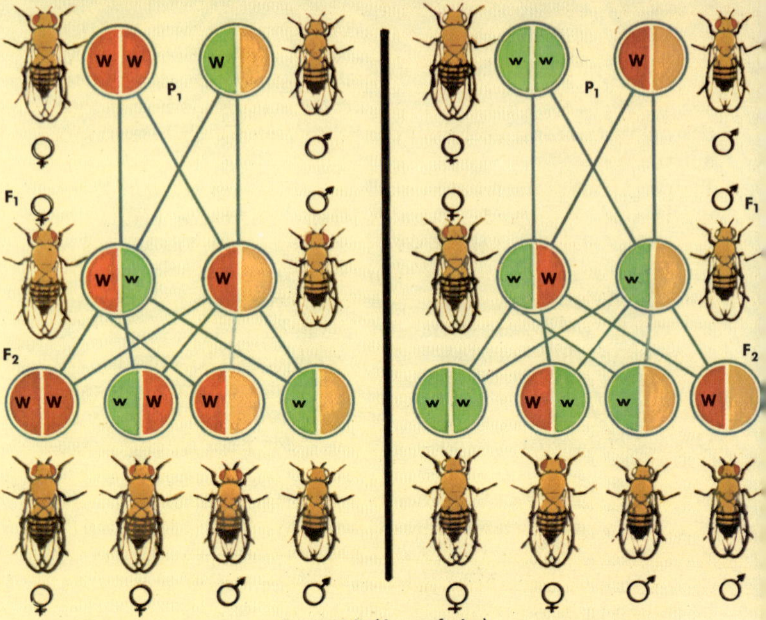

Drosophila (Augenfarbe)

Geschlechtschromosomen-gebundene Vererbung

Th. H. Morgan experimentierte mit der Fruchtfliege *Drosophila*. An ihr konnte er weiterhin nachweisen, daß die Geschlechtschromosomen, besonders das X-Chromosom der männlichen Individuen, Gene enthielten, die mit der Ausbildung des Geschlechts selbst nichts zu tun hatten.

Eines Tages fand er unter den rotäugigen Wildformen eine Fliege mit weißen Augen, die sich als reinrassig erwies. Morgan kreuzte nunmehr ein weißäugiges Männchen mit einem rotäugigen Weibchen. Da die Rotäugigkeit dominant war, lieferte diese Kreuzung nur rotäugige männliche und weibliche Tiere. Diese rotäugigen F_1-Hybriden wurden wieder mit rotäugigen Hybriden gekreuzt. Aus dieser Paarung gingen 50% rotäugige Weibchen, 25% rotäugige Männchen und 25% weißäugige Männchen hervor. Von den Männchen waren also die Hälfte weißäugig, die andere Hälfte rotäugig. Weibchen mit weißen Augen traten nicht auf, doch enthielt die Hälfte der Weibchen das X-Chromosom aus den Geschlechtschromosomen der weißäugigen Männchen der Elterngeneration. Auf diesem X-Chromosom lag das rezessive Allel für die Weißäugigkeit.

Das Geschlechtschromosomen-gebundene Allel für die Weißäugigkeit folgt einer «Überkreuz-Vererbung»: das an das männliche X-Chromosom gekoppelte Allel wird auf keinen der männlichen Nachkommen, aber auf sämtliche weiblichen Nachkommen vererbt. Diese sind demnach heterozygot, denn sie enthalten außer ihrem dominanten Allel für Rotäugigkeit das rezessive Allel für Weißäugigkeit. Dieses rezessive Allel übertragen sie in der F_2 auf die Hälfte der männlichen und die Hälfte der weiblichen Nachkommen.

Von Bedeutung ist dieser Erbgang bei Erbkrankheiten. Bei der Farbblindheit des Menschen z. B. sind die heterozygoten Frauen die Überträgerinnen der Krankheit.

Vertauschte Morgan in der Elterngeneration die Geschlechter der Elterntiere (= reziproke Kreuzung) und kreuzte ein weißäugiges Weibchen mit einem rotäugigen Männchen, so waren in der F_1-Generation alle Männchen weißäugig und alle Weibchen rotäugig. Diese wurden untereinander gekreuzt und produzierten eine F_2-Nachkommenschaft von gleich viel rotäugigen Männchen und Weibchen und gleich viel weißäugigen Männchen und Weibchen.

Reziproke Kreuzungen zum Nachweis Geschlechtschromosomen-gebundener Vererbung (links und unten)

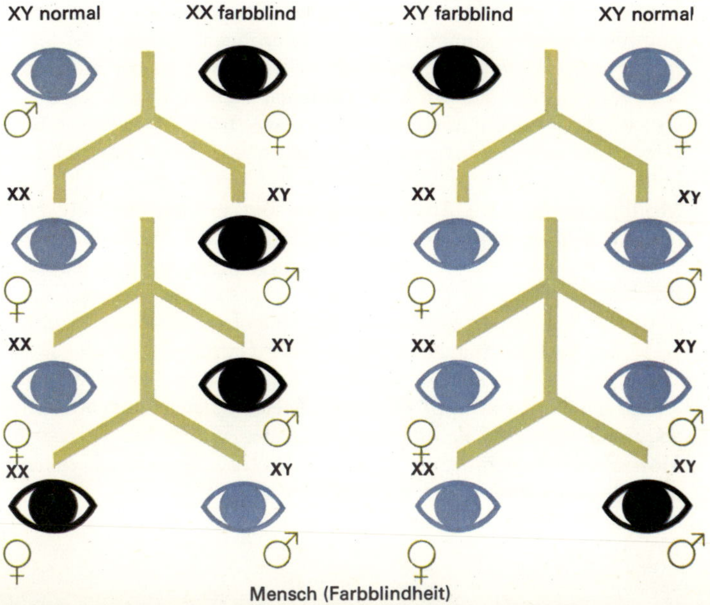

Mensch (Farbblindheit)

Abhängigkeit des Wachstums von der Höhenlage bei *Horkelia*

Die Neubildung von Arten

Eine Neubildung von Arten kann durch das Zusammenwirken verschiedenster Faktoren zustandekommen. Der wichtigste Faktor für eine solche Entwicklung und damit gleichermaßen für die Evolution ist die Abwandlung der Erbfaktoren.
Wird z. B. beim Crossing-over während der Meiose je ein Stück zweier gepaarter Chromosomen ausgetauscht, so kann dies bei den entstehenden sogenannten Rekombinanten-Nachkommen eine Merkmalsänderung hervorrufen.
Der zweite entscheidende Faktor ist die natürliche Selektion. So können z. B. bestimmte Gruppen einer Population als Folge geographischer oder klimatischer Veränderungen voneinander getrennt werden. Jede Gruppe wird sich isoliert von der anderen weiterentwickeln, sie wird im täglichen Kampf ums Dasein – also als Folge der natürlichen Selektion – neue Merkmale ausbilden und sich möglicherweise zu einer neuen Art weiterentwickeln.
Modifikationen – Abwandlungen durch Umweltfaktoren (Klima, Nahrungsangebot, Bodenbeschaffenheit, Höhenlage) – werden nicht auf die Nachkommen übertragen. Sie sind jedoch für eine Umprägung der Arten von gewisser Bedeutung. Wie sehr das Wachstum z. B. von der Höhenlage abhängen kann, zeigt ein Versuch mit einer Pflanze der Gattung *Horkelia*. Die Wildform wächst in Kalifornien in etwa 200 m Höhe. Wurde sie im Tiefland etwa auf Höhe des Meeresspiegels angepflanzt, zeigte sie noch ein verhältnismäßig gutes Wachstum. Größere Höhenlagen jedoch ließen sie nur noch verkümmert wachsen, in den Wintermonaten starb diese Pflanze sogar häufig ab.

Ein sehr wesentlicher Umweltfaktor, der zu erheblichen Modifikationen bei Tieren und Pflanzen führen kann, ist die Menge der aufgenommenen Nahrung. Als Beispiel hierfür sollen die unten abgebildeten Schweine dienen. Beide entstammen derselben reinen Rasse, die auftretenden Wachstumsunterschiede sind einzig und allein auf die Futtermenge zurückzuführen. Das obere Schwein, groß und fett, konnte zu jeder Zeit uneingeschränkt Futter zu sich nehmen, das untere jedoch, lang und mager, war auf Magerkost gesetzt worden.
Nach 16 Versuchswochen unterschieden sich die beiden Tiere schon ganz deutlich: die mit Vollkost ernährten, größeren und fetteren Schweine besaßen auch sehr viel massivere Knochen. Sie waren auch schneller ausgewachsen als die auf Magerkost gesetzten Tiere. Diese wiederum hatten, nachdem sie ausgewachsen waren, längere und schmalere Schädel, längere Lenden und größere Hüftgürtel.

Größenunterschiede bei Schweinen nach Fütterung mit Vollkost (oben) und Magerkost (unten)

Geographische Isolation

Mehrere Wochen lang erforschte Darwin die Galapagosinseln. Aus den einst dorthin verschlagenen Vorfahren war – abgeschlossen von der übrigen Welt – eine eigene Tier- und Pflanzenwelt entstanden. Kriechtiere und Vögel hatten sich entwikkelt, eine Ratten- und eine Fledermausart, zwei Arten von Säugetieren und einige Insekten. Auf den zahlreichen Inseln hatten sie, isoliert voneinander, oft sogar eigene Insel-Rassen gebildet.

Eine der erstaunlichsten Gruppen sind die Finken der Galapagosinseln. Sie sind bis auf eine Art auf diese Inselgruppe beschränkt und boten Darwin ein wertvolles Beispiel für seine Vorstellung von der Entwicklung der Arten. Zweifellos stammen diese Finken von einigen Tieren einer Vogelart ab, die in vorgeschichtlicher Zeit von Südamerika auf die Galapagosinseln gelangt ist. Hier sind dann sehr schnell diese zahlreichen Formen entstanden, die sich den verschiedenen Lebensräumen und Ernährungsbedingungen angepaßt haben. Heute leben auf diesen Inseln 12 Finkenarten. Sie unterscheiden sich nicht so sehr in ihrer Größe oder in ihrer Färbung; die wesentlichen Unterschiede liegen vielmehr in der von der Nahrungswahl bestimmten Schnabelform. Die Finken ernähren sich von Sämereien, von Blättern, Blüten und Früchten und von Insekten. Der Kaktusfink nimmt neben Insekten und Nektar besonders Fruchtfleisch von Opuntien (Feigenkakteen) auf. Die Schnäbel sind bei den Insektenfressern schlank und fein, bei den übrigen Arten meist kräftig bis dick ausgebildet. Die pflanzenfressenden Arten halten sich meist am Boden auf, die Insektenfresser leben weitgehend auf Bäumen. Der Spechtfink *(Cactospiza pallida)* benutzt als einziger Vogel ein Werkzeug bei der Insektenjagd. Mit einem spitzen Zweig oder einem Kaktusstachel im Schnabel zieht er Insekten aus den in die Baumrinde gebohrten Löchern und verschlingt sie.

Singvögel fehlen auf den Galapagosinseln, deshalb hat eine Gruppe dieser erstaunlichen Finkenvögel deren ursprünglichen Platz eingenommen und Ernährungs- und Verhaltensweisen wie echte Singvögel ausgebildet.

Die auf den Galapagosinseln lebenden Finkenarten werden auch als «Darwinsfinken» bezeichnet.

Gruppe der Finken (oben), die Darwin auf den Galapagosinseln (unten) beobachtete

Kaktusfresser
Baumbewohner
Bodenbewohner
Singvögel
Pflanzenfresser

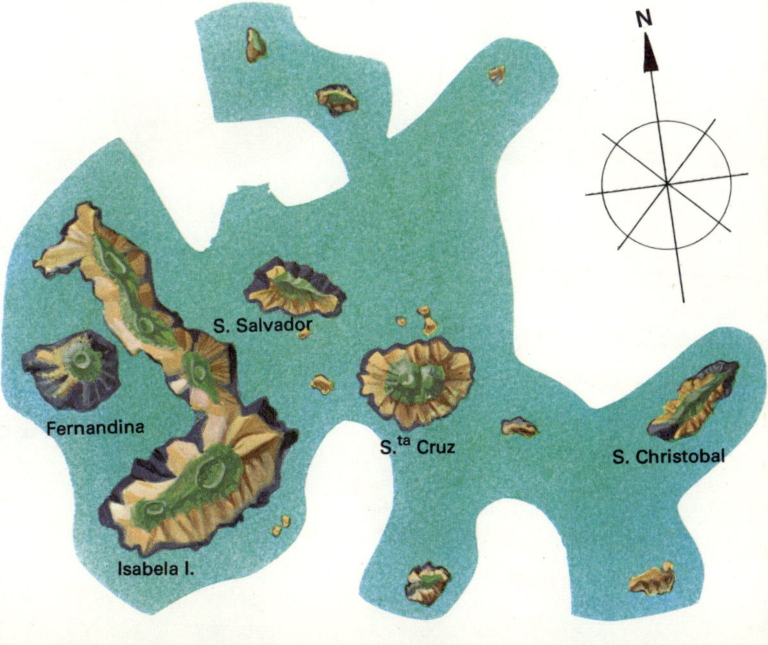
N
S. Salvador
Fernandina
S.ta Cruz
S. Christobal
Isabela I.

Geographische Rassen

Tierarten mit einem großen Verbreitungsgebiet bilden häufig sogenannte geographische Rassen aus. Diese unterscheiden sich von der Gesamtart gewöhnlich nur durch geringe Abwandlungen in der Größe, Farbe etc. Die einzelnen Rassen gehen mehr oder weniger deutlich ineinander über, der Prozeß dieser Abwandlung ist von Umweltfaktoren abhängig.

Sehr gut ist die Rassenbildung bei der Heringsmöwe *(Larus fuscus)* und bei der Silbermöwe *(Larus argentatus)* zu beobachten. Beide Arten nehmen ein ringförmiges Verbreitungsgebiet um den Nordpol ein. An den Küsten des Arktischen Meeres im östlichen Sibirien lebt die ostsibirische Rasse der Silbermöwe, *Larus argentatus vegae*. Ostwärts über die Beringstraße nach Nordamerika hin wandelt sich diese Rasse in die amerikanische Rasse der Silbermöwe, *(Larus argentatus smithsonianus)* um und über dem Atlantik in Großbritannien in die typische Rasse *Larus argentatus argentatus.*

Rassenbildung bei der Silbermöwe und der Heringsmöwe

Flügelspannweite als Rassenmerkmal beim Papageientaucher

Die Heringsmöwe *(Larus fuscus)* tritt westlich von Sibirien als skandinavische Rasse *Larus fuscus fuscus* (typische Rasse) und weiter westlich als britische Rasse *Larus fuscus graellsii* auf.
Die Rassen der Silbermöwe paaren sich untereinander, ebenso sind die Rassen der Heringsmöwe dazu fähig. In Großbritannien überlappen sich die Verbreitungsgebiete beider Arten. Hier kommen Silbermöwe und Heringsmöwe nebeneinander vor, sie unterscheiden sich aber im Aussehen und im Verhalten und schließen sich – da es verschiedene Arten sind – in ihrer Fortpflanzung gegenseitig aus.
Geographische Rassen haben sich auch beim Papageientaucher entwickelt. Von den Balearen bis nach Spitzbergen nimmt die Flügelspannweite dieser Vögel pro 2° nördlicher Länge um 1% zu. Nach der «Bergmannschen Regel» bilden Warmblüter in kühleren Klimazonen meist größere geographische Rassen aus. Das Verhältnis zwischen dem Wärme produzierenden Körper und seiner Wärme abgebenden Oberfläche ist bei einem großen Tier günstiger.

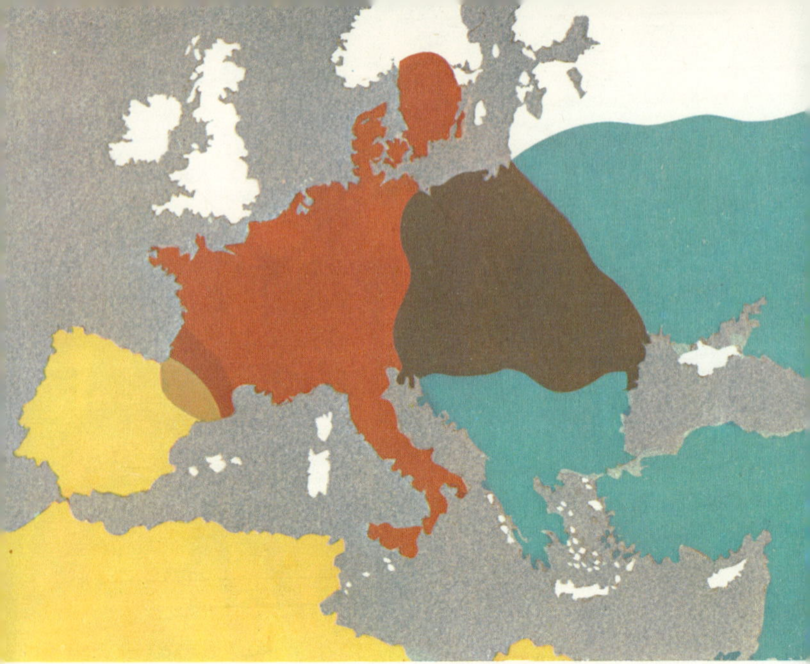

} *Rana ridibunda,* westliche Rasse
} *Rana ridibunda,* östliche Rasse und *Rana esculenta*
} *Rana esculenta* und *Rana ridibunda,* östliche Rasse

Ökologische Isolation

Auch auf dem Wege der ökologischen Isolation können sich allmählich neue Arten herausbilden. Hierbei sind einzelne Rassen an bestimmte ökologische Faktoren (Wohnbereich, Futterpflanzen oder auch Temperaturen) angepaßt. Es gibt dabei oft Zwischenstufen zwischen Rasse und Art, und oft unterscheiden sich nächstverwandte Arten nur durch physiologische Merkmale.
Der Seefrosch *(Rana ridibunda)* ähnelt dem Teichfrosch *(Rana esculenta)* in der äußeren Erscheinung, in der Lebensweise und weitgehend auch in der Verbreitung. Und doch stellen beide eine selbständige Art dar. Ein sogenannter sexualphysiologischer Faktor hat hier vermutlich einst zur Artbildung geführt: die Paarungszeiten beider Froscharten liegen in verschiedenen Monaten, eine gegenseitige Fortpflanzung ist also ausgeschlossen.

Genetische Isolation

Oftmals können verwandte Pflanzenrassen nebeneinander wachsen, ohne daß sie sich untereinander fruchtbar fortpflanzen. Die Differenzierung in Rassen hat hier zu einer «genetischen Isolation» geführt. Bei einer Kreuzung kommt es dann zu keiner normalen Entwicklung mehr, oder aber die entstandenen Nachkommen sind unfruchtbar. Wird z. B. *Primula verticullata* mit *Primula floribunda* gekreuzt, so entsteht eine hybride, unfruchtbare Nachkommenschaft, weil die Chromosomen der beiden Elternteile nicht zusammenpassen. Eine ganz andere Möglichkeit ist die, daß im Verlauf der Kernteilungen Störungen auftreten. Es entstehen dann Kerne mit verdoppelter Chromosomenzahl. Diesen Vorgang nennt man Polyploidie. Die entstandenen Hybriden unterscheiden sich im Bau und in ihrer Beschaffenheit von den beiden Elternformen; untereinander können sie sich fruchtbar fortpflanzen, mit ihren Elternformen jedoch nicht mehr. Sie erfüllen damit alle Kriterien für eine neue Art und werden deshalb *Primula kewensis* genannt. Auch die Pfingstrose kann mit zweifacher (diploider), dreifacher (triploider) oder vierfacher (tetraploider) Chromosomenzahl vorkommen.

Verbreitungsgebiete zweier Froscharten (links)

Polyploidie bei der Pfingstrose (unten)

Paeonia rossi
(tetraploid)

Paeonia cambessedesi
(diploid)

Paeonia wittmanniana
(tetraploid)

Männlicher Leierschwanz

Die geschlechtliche Auslese

Besonders während der Paarungszeit werden bei zahlreichen Tierarten von den Männchen charakteristische Merkmale oder Färbungen ausgebildet, um die Weibchen anzulocken. So klappt der männliche Leierschwanz, der in den Walddickichten im Südosten Australiens lebt, während der Balz seinen langen prachtvollen Schwanz über Rücken und Kopf hinweg nach vorn, bis der Körper unter einem zarten, silbrig-weißen Schleier verschwindet.

Unter den Fischen entwickelt z. B. der Stichling im Frühjahr sein Hochzeitskleid mit einem bläulich-weißen Rücken und einem leuchtend roten Bauch. Er grenzt sein Revier ab, baut ein Nest und mit einem vollendeten Zick-Zack-Tanz versucht er, ein Weibchen anzulocken. Gelingt es ihm, so schließt er sein Werben ab mit der Befruchtung der von dem Weibchen in das Nest gelegten Eier.

Leierschwanz- und Stichlingsmännchen bilden sogenannte sekundäre Geschlechtsmerkmale aus. Mit ihnen machen sie die Weibchen auf sich aufmerksam. Das Weibchen hat die Wahl unter vielen Freiern, welchen wird es auswählen? Es bevorzugt jedoch nicht etwa das Männchen, das z. B. eine gesunde oder starke Nachkommenschaft erwarten läßt, es wählt allein nach äußeren Merkmalen aus. So wird das Männchen erfolgreich sein, das besonders auffallende Kennzeichen trägt und zusätzlich besonders kräftig erscheint oder das besonders intensiv wirbt.

Schon Darwin machte diese Beobachtungen im Tierreich und seine Schlußfolgerung ging dahin, daß dasjenige Männchen die größten Chancen hat, Nachkommen zu hinterlassen, welches die Aufmerksamkeit des Weibchens am besten auf sich ziehen kann.

Diese «geschlechtliche Auswahl», das heißt die Konkurrenz bei der Auswahl von Fortpflanzungspartnern, hat die Evolution stark beeinflußt. Sie fördert die Auswahl positiver Eigenschaften (wobei man allerdings geteilter Meinung darüber sein darf, ob Schönheit und intensives Werben «positive» Merkmale im Sinne der natürlichen Selektion darstellen), und sie schaltet die Fortpflanzung von ungünstigen Varianten aus. Da diese Auslesevorgänge fortlaufend wirksam sind, ist damit auch der Fortbestand der Arten gesichert.

Stichlingsmännchen (rechts) lockt Weibchen zum Nest

Spececht

Anpassung

Die Lebewesen sind in ihren Eigenschaften und Merkmalen zweckmäßig an die Bedingungen ihrer Umwelt angepaßt. Der Specht z. B. hat einen langen und harten Schnabel, mit dem er Löcher in das Holz hacken kann. Seine Zunge ist dünn, lang und beweglich, mit ihr erreicht er seine Nahrung tief in den Bohrgängen, Ritzen und Spalten. Beim Klettern stützt sich der Specht auf die steifen und spitzen Schwanzfedern und auf jeweils vier Zehenballen und ebensoviele stark gekrümmte Krallen. Die Füße können weit nach vorn und auch seitlich um den Baumstamm herumgreifen.

Von zahlreichen Lebewesen wurden in Anpassung an den Flug Flügel entwickelt. Wenn ihr Bau z. B. bei Vögeln, Fledermäusen oder Insekten auch recht unterschiedlich ist, so erfüllen sie doch bei allen diesen Tieren die gleiche Aufgabe.

Ebenso entsprechen viele Wüstenpflanzen in Bau und Leistung ihrer Umgebung. Als Schutz gegen die drohende Austrocknung haben sie alle eine kräftige Epidermis, verdickte Stämme und eine glatte Oberfläche entwickelt, ihre Blätter sind zurückgebildet. In ihrer äußeren

Kaktuswüste

Bildungen zur Samenverbreitung bei Pflanzen

Erscheinung sind sich solche Pflanzen oft recht ähnlich, obwohl sie nicht miteinander verwandt sind. Für die Erhaltung von Pflanzenarten ist die Verbreitung ihrer Samen recht wichtig. Der Transport erfolgt meist durch den Wind, durch Wasser oder durch Tiere. Die Anpassungseinrichtungen zur Verbreitung an den Samen sind sehr mannigfaltig. Durch den Wind werden besonders leichte und kleine Samen verbreitet (Kreuzkraut), schwere Samen, wie sie der Ahorn besitzt, sind geflügelt. Schwimmsamen haben die Seerosen ausgebildet. Andere wieder (Haftdolde) haften mit kleinen Widerhaken im Fell oder Federkleid von Tieren und werden oft erst in großer Entfernung von den Elternpflanzen abgestreift. Die Frucht der Rose, die Hagebutte, lockt mit ihrer roten Farbe Vögel an. Sie wird von ihnen gefressen, und in keimfähigem Zustand werden die Samen von den Vögeln ausgeschieden.

Müllerscher Mimikry-Ring bei Schmetterlingen

Mimikry

Viele Tiere sind auf natürliche Weise, z. B. durch Ungenießbarkeit oder durch Wehrhaftigkeit, vor ihren Verfolgern geschützt. Oft kann man beobachten, daß solche Arten von anderen, ungeschützten, in Färbung und Zeichnung nachgeahmt werden. Die Nachahmer erlangen natürlich durch eine solche Imitation ebenfalls Schutz vor ihren Feinden, weil sie sich von den geschützten «Modellen» nicht mehr unterscheiden.

Ein solcher Fall «Batesscher Mimikry» tritt z. B. bei der in Afrika verbreiteten Schwalbenschwanzart *Papilio dardanus* auf (Abbildung rechte Seite). In Madagaskar und in Abessinien sind die Männchen und Weibchen dieser Art fast gleich: die geschwänzten Falter tragen auf den dunklen Flügeln große gelbe Flecken. In anderen Gegenden kommen Weibchen mit völlig veränderter Färbung und Zeichnung vor. Sie ahmen Falter nach,

Batessche Mimikry bei Schmetterlingen

die für ihre Feinde, hauptsächlich Vögel, ungenießbar und deshalb vor ihnen geschützt sind.

Eine Ähnlichkeit besteht jedoch nicht nur wie bei der Batesschen Mimikry zwischen ungeschützten und geschützten Arten. Häufig ahmen sich auch geschützte Arten gegenseitig nach. Bei dieser «Müllerschen Mimikry» bilden die sich gleichenden Tierarten zusammen einen «Mimikry-Ring». Einer der bekanntesten Müllerschen Mimikry-Ringe besteht aus den oben abgebildeten Falterarten (Abbildung linke Seite). Die in der Flügelfärbung und auch in der Flügelzeichnung fast gleich aussehenden Falter gehören zwei getrennten Familien an.

Aus der Sicht der Entwicklungsgeschichte haben diese Schutzmechanismen wahrscheinlich nur einen vorübergehenden Wert, denn die natürlichen Feinde werden sie recht schnell zu überwinden lernen.

Schutz durch Anpassung an den Untergrund beim Birkenspanner

Die natürliche Auslese

Vielfältig sind die Möglichkeiten der Natur, neue Rassen und Arten auszubilden. Meist verläuft diese Wandlung der Tier- und Pflanzengruppen sehr langsam, für uns im Ablauf unsichtbar.
Der Birkenspanner dagegen, *Biston betularia,* hat sich in diesem Zusammenhang in den letzten Jahrzehnten als überaus interessantes Forschungsobjekt erwiesen. An dieser Falter-Art ließen sich in eindrucksvoller Weise evolutionäre Veränderungen an einem heute lebenden Objekt und in historischer Zeit studieren.
Der englische Forscher H.B.D. Kettlewell untersuchte das Problem des «Industriemelanismus» bei Schmetterlingen. Er fand für diese beim Birkenspanner und anderen Faltern auftretende Erscheinung eine erstaunliche Erklärung. Vor der industriellen Umwälzung (1848) waren überall in Großbritannien die Rinden der Bäume sauber, hell und mehr oder weniger mit Flechten bedeckt. Die sich auf der Rinde solcher Bäume aufhaltende helle Form des Birkenspanners war durch ihre Färbung an den Unter-

Schutz durch Anpassung an den Untergrund beim Birkenspanner

grund angepaßt und vor ihren natürlichen Feinden, den Vögeln, weitgehend geschützt. Neben dieser normalen hellen Form, *Biston betularia*, gab es noch eine schwarze, erblich bedingte Form, *Biston betularia f. carbonaria*. Doch solche dunklen Tiere waren selten, und bis zum Jahre 1848 etwa dominierte überall die helle Form. Doch mit zunehmender Industrialisierung begann sich immer mehr die schwarze Form durchzusetzen. Der Ruß färbte die Bäume dunkel, und die helle Form fand auf ihnen keinen Schutz mehr. Mehr und mehr wurden sie Opfer der Vögel und so in ihrer Zahl stark vermindert.

So hat sich innerhalb weniger Jahrzehnte das Erscheinungsbild dieser Art völlig verändert, da entsprechende Erbeigenschaften (schwarze Färbung) mit einem Wechsel in den Umweltbedingungen (Industrialisierung) zusammentrafen.

Die helle Form, *Biston betularia*, kommt heute nur noch in einigen unberührten Gebieten vor.

Natürliche Auslese bei einer Landschnecke

Cepaea nemoralis, die Hainschnirkelschnecke, ist eine in Deutschland weit verbreitete Art. Ihr Name ist für unsere Gegend nicht sehr zutreffend, da sie sich mehr in Gärten und Parks aufhält.

Die Hainschnirkelschnecke hat kugelige, etwa 2 cm große Gehäuse, die durch ihre lebhafte Färbung auffallen. Die Gehäuse können weißgelb, gelb, rosa bis dunkelbraun sein und zusätzlich mit ein- bis fünfspiraligen Bändern gezeichnet sein. Die Schalenfarben und Bänderungsmuster treten in allen möglichen Kombinationen auf.

Man hat sich eingehend damit beschäftigt, ob vielleicht auch bei der Hainschnirkelschnecke zwischen den Gehäusefarben und der Umgebung der Schnecke ein Zusammenhang besteht. Die Untersuchungen ergaben tatsächlich eine solche Abhängigkeit. In grüner Umgebung wurden am häufigsten gelbe Gehäuse gefunden, rosa z. B. waren sie auf heruntergefallenem Laub. In Buchenwäldern wiederum herrschten rötliche bis braune Gehäusefarben vor.

Diese Anpassung an ihre Umgebung gibt den Schnecken natürlich einen gewissen Schutz vor ihren Feinden. Sie werden besonders gern von kleinen Säugetieren (Kaninchen) oder auch von Vögeln gefressen. Auch die Singdrossel bevorzugt diese Schneckenart sehr. Sie hat ein ganz besonderes Verfahren entwickelt, an den Weichkörper der Schnecken zu gelangen. Mit dem Schnabel nimmt sie ein Gehäuse nach dem anderen auf und schlägt damit fest auf große Steine. Solche Steine nennt man deshalb auch «Drosselschmieden». Sie sind ganz leicht an den zahlreichen, aufgehäuften Schalenresten zu erkennen.

Untersucht man die an einer solchen Drosselschmiede gefundenen Schalenreste, so zeigt sich, daß die Singdrossel meist nur Schnecken mit einem ganz bestimmten Bänderungsmuster und einer bestimmten Färbung zerstört. Sie ist also in der Lage, die Schnecken an ihrer Farbe zu erkennen und danach ihre Auswahl zu treffen.

Als auslesender Faktor wird im Falle der Hainschnirkelschnecke also die «Einwirkung von Feinden» sichtbar. Die Folge dieser natürlichen Selektion durch die Singdrossel ist, daß bestimmte Formen von *Cepaea nemoralis* häufiger vorkommen und weiter verbreitet sind als andere.

Drosseln sind die Hauptfeinde dieser Landschnecke

Gehäusemuster von *Cepaea nemoralis*

DER VERLAUF DER EVOLUTION

Der lange Zeitraum von der Entstehung der Erde vor etwa 5 Milliarden Jahren bis zum Beginn des Kambriums vor etwa 600 Millionen Jahren wird oft als die Zeit ohne jegliches Leben bezeichnet. Doch auch in den Ablagerungen des Präkambriums sind uns Fossilien erhalten, wenige zwar, aber sie zeigen uns die damaligen, noch recht einfachen, kaum spezialisierten Lebensformen.

Vermutlich besaßen die meisten der frühen Formen nur einen Weichkörper und waren damit nicht geeignet, als Fossilien erhalten zu bleiben. Ein großer Teil dürfte auch durch Verwitterung oder durch die Umwandlung der präkambrischen Gesteine zerstört worden sein. Vielleicht aber sind viele Formen überhaupt noch unentdeckt.

Präkambrische Fossilien stellen die Paläontologen bezüglich ihrer eigentlichen Form und Gestalt sowie ihres tatsächlichen Alters immer wieder vor neue Rätsel. Aus präkambrischen Schichten des Gran Canyon (USA) ist ein Abdruck bekannt, der vielleicht eine Qualle darstellt. Aus Schottland sind Algen und

Fossile Qualle

Fossile Würmer

Lebensbild aus dem Mittelkambrium

Schwämme erhalten. Funde aus anderen Tiergruppen, wie z. B. Würmer, Hohltiere und Stachelhäuter, liegen uns aus Australien vor.
Diese ältesten bekannten Formen sind in ihrem Bau schon außerordentlich kompliziert im Vergleich mit den niederen Organismen, die wir zu Beginn des Lebens vermuten müssen.
Man spricht oft über den großen Einschnitt zwischen dem Präkambrium und dem Unterkambrium, denn mit dem Beginn des Kambriums ist ganz plötzlich eine große Zahl gut erhaltener Reste von den verschiedensten Tier- und Pflanzenarten vorhanden. Die weitaus größte Gruppe im Kambrium waren die Trilobiten (Dreilapper). Außer ihnen gab es noch die unterschiedlichsten Vertreter aus der Gruppe der wirbellosen Tiere.
Das Kambrium dauerte etwa 90 Millionen Jahre, für uns ein unvorstellbar langer Zeitabschnitt, für die Weiterentwicklung vorhandener Gruppen und für die Entstehung neuer Arten aber ein gerade genügend großer Zeitraum.

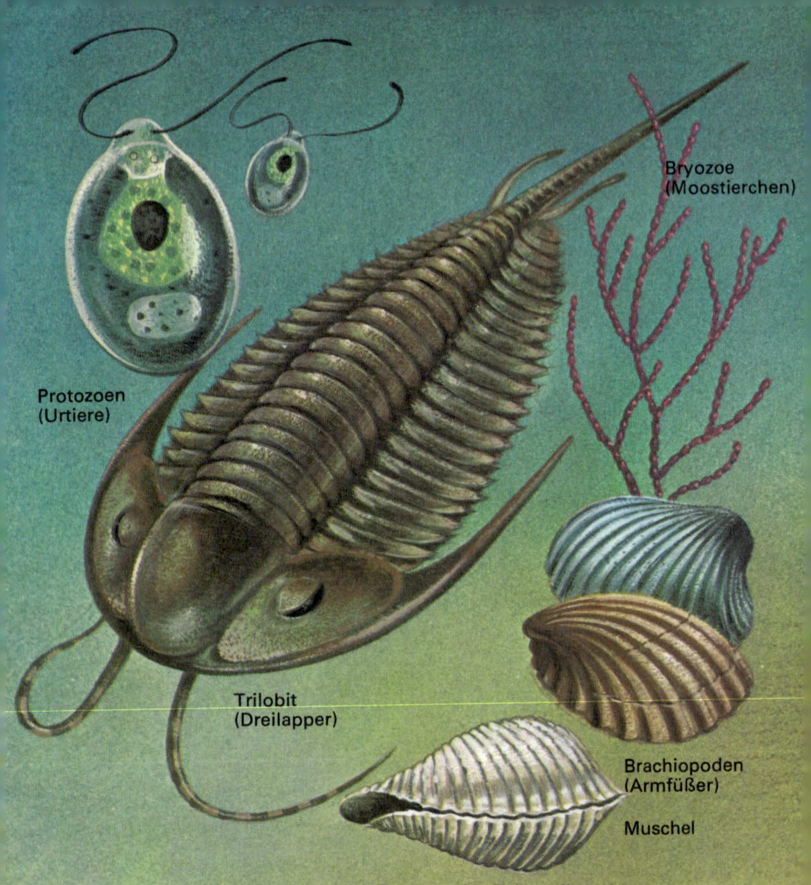

Einige wirbellose Tiere aus der Flachsee des Paläozoikum

Marine wirbellose Tiere

Zu Beginn des Paläozoikums sah die Erde ganz anders aus als heute. Auf der Südhalbkugel erstreckte sich eine große, zusammenhängende Landmasse von Südamerika über Afrika bis nach Australien hin. Große klimatische Unterschiede bestanden zu dieser Zeit nicht. Das Land war noch unfruchtbar, und nur in einigen Gebieten hatten sich Grünalgen angesiedelt. Die Tierwelt des Meeres bestand hauptsächlich aus wirbellosen Tieren, die jedoch schon mit den verschiedensten Formen sehr zahlreich vertreten waren.

Im flachen Meer lebten Schwämme, Quallen, Schnecken, Würmer, Gliedertiere und Stachelhäuter. Die Schwämme (Stamm Porifera) bilden die am niedrigsten organisierte Gruppe. Noch bis vor 100 Jahren war ihre genaue systematische Stellung unklar, schließlich wurden sie dem Tierreich zugeordnet. Der Schwammkörper besteht im einfachsten Fall aus einem Schlauch oder Sack, der am unteren Ende festgewachsen ist. Die Körperwand ist von zahlreichen Poren durchsetzt. Durch sie strömt das Wasser in einen zentralen Hohlraum und verläßt den Körper wieder durch eine obere Öffnung. Die Schwämme besitzen ein sogenanntes inneres Skelett. Es besteht aus Nadeln oder Fasern von Kalk, Kieselsäure oder Spongin (Eiweißstoff) und gibt dem Körper Festigkeit und Schutz. Diese Nadeln sind uns oft in den schönsten Mustern fossil erhalten. Meist stellen sie die einzigen Überreste der Schwämme dar, die bereits im Kambrium vorhanden waren.
Über diesen am Meeresgrund festsitzenden Tieren schwammen verschiedene Quallen. Abdrücke ihrer Weichkörper sind nur selten erhalten. Häufig kennen wir sie aus dem Mittelkambrium von Britisch-Kolumbien. Sie gehören zum Stamm der Coelenteraten (Hohltiere), in dem die Schirm- oder Scheibenquallen, die Hydrozoen, die Blumen- oder Korallentiere und die Rippenquallen zusammengefaßt werden. Coelenteraten sind teils festsitzende, teils freilebende Meeres- und Süßwassertiere, die einzeln vorkommen oder auch Kolonien bilden. Ihr Körperinneres besteht aus einem Hohlraum, der eine obere Öffnung hat. Um die Mundöffnung steht bei den meisten Coelenteraten ein Tentakel-Ring. Ihre Nahrung besteht z. T. aus sehr großen Beutetieren (Krebse, Würmer, kleine Fische), die sie mit «Nesselkapseln» festhalten und abtöten. Schirmquallen, Hydrozoen und Korallentiere besitzen Nesselkapseln, den Rippenquallen fehlen solche Kapseln.
Die charakteristischsten Formen der kambrischen Meere waren die Brachiopoden (Armfüßer) und die Trilobiten (Dreilapper). Im Alt-Paläozoikum waren die Brachiopoden überall sehr zahlreich vertreten, heute leben von ihnen nur noch etwa 200 Arten. Mit einem langen fleischigen Stiel sind sie am Untergrund festgeheftet. Ihr Weichkörper wird von einer «oberen» Armklappe und einer «unteren» Stielklappe umschlossen. *Lingula,* eine Vertreterin der Brachiopoden, hat sich seit dem Kambrium bis heute fast unverändert erhalten.

Muschel

Käferschnecke

Mollusca – Weichtiere

Der Stamm der Mollusca oder Weichtiere umfaßt neben den allbekannten Schnecken und Muscheln noch mehrere recht abweichende Gruppen, wie die Tintenfische, die Grabfüßer und die urtümlichen Käferschnecken. Allen gemeinsam sind die kennzeichnenden Merkmale der Mollusken: ein weicher, ungegliederter Körper, der aus einem Kopf, einem fleischigen, muskulösen Fuß, einem Eingeweidesack und einer Mantelfalte zusammengesetzt ist. Die meist vorhandene Schale wird immer auf der Rückenseite des Tieres ausgeschieden, an der Oberfläche des Eingeweidesackes und der Mantelfalte. Schnecken haben eine einfach gewundene Schale, Muscheln besitzen zwei Klappen. Die Käferschnecken (z. B. *Chiton)* haben eine Schale aus acht hintereinander gelegenen Platten, bei den Tintenfischen liegt die Schale von der Haut umwachsen innen oder sie fehlt ganz.

Die ältesten Vertreter der Mollusken sind Schnecken aus dem Kambrium. Sie haben sich während ihrer stammesgeschichtlichen Entwicklung umgestaltet und die verschiedensten Lebensräume besiedelt. Einst waren sie Bewohner der Meere, heute leben sie im Meer, im Süßwasser und auf dem Land. Wir finden sie in der Tiefsee, im Hochgebirge, in der Arktis und in den Tropen.

Einige Vertreter des Stammes der Mollusca (oben und unten)

Schnecke

Krake

Die Entwicklung verschiedener wirbelloser Tiere

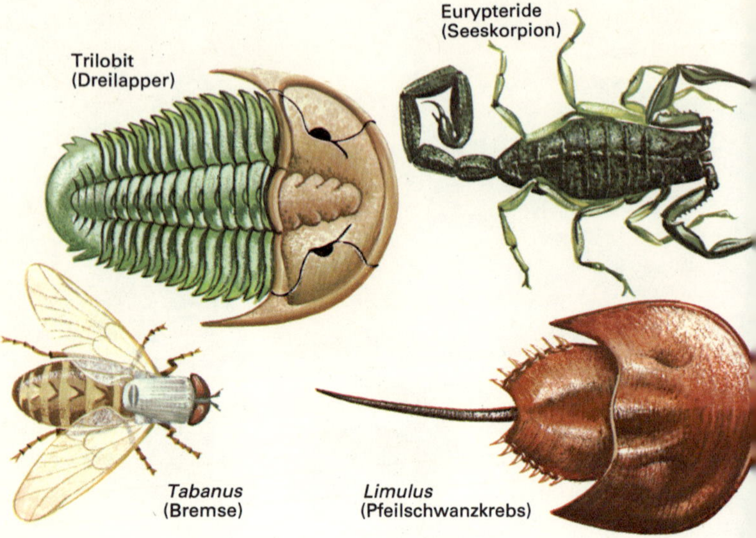

Urtümliche (oben) und rezente Vertreter (unten) des Stammes der Arthropoda

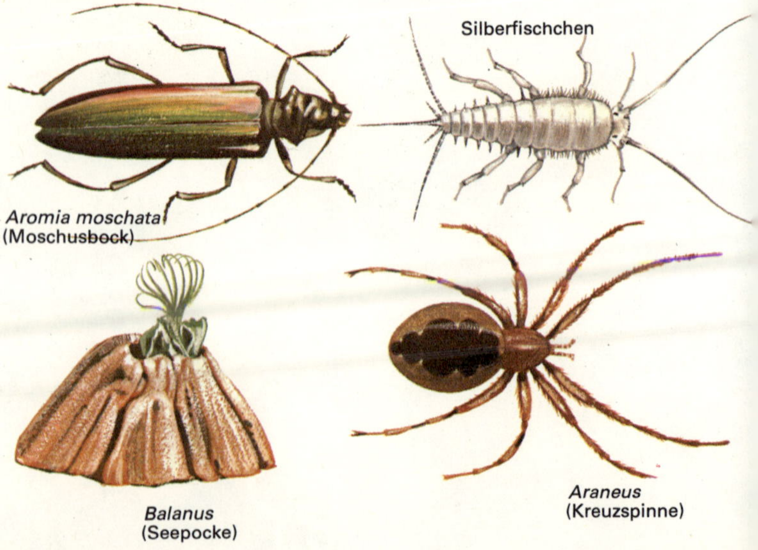

Arthropoda – Gliederfüßer

Arthropoden treten in einer ungeheuren Arten- und Formenfülle auf. Rund 75% des gesamten Tierreiches gehören zu den Gliederfüßern. In diesem Stamm vereinigt sind die ausgestorbenen Trilobiten und Eurypteriden (Seeskorpione), die rezenten Schwertschwänze, Spinnentiere, Krebse und die große Gruppe der Insekten. Trilobiten waren einst eine weltweit verbreitete Gruppe. Mit über 4000 Arten hatten sie die kambrischen Meere besiedelt. Heute kennen wir sie nur noch als Fossilien, die uns bei gut erhaltenen Resten die typische Dreiteilung des Körpers in Kopfschild, Rumpf und Schwanzschild zeigen. Sie starben im Perm, am Ende des Paläozoikums aus.

Die Eurypteriden sind sicher erst aus den Ablagerungen des Ordoviziums nachgewiesen. In ihrer äußeren Gestalt waren sie Skorpionen recht ähnlich. Ihre Größe betrug etwa 30 cm, einige Tiere wurden über 2 m groß. Sie starben ebenso wie die Trilobiten im Perm aus, nachdem sie im Silur und Devon noch einmal außerordentlich zahlreich geworden waren.

Mit den Eurypteriden sind die Schwertschwänze verwandt. Die ältesten Vertreter dieser Gruppe stammen aus dem Silur und Devon. Seitdem haben sie sich äußerlich nur unbedeutend verändert, wie wir es an den heute noch lebenden, wenigen Arten leicht erkennen können. Der bekannteste rezente Vertreter ist *Limulus,* der Pfeilschwanzkrebs, den man auch oft als «lebendes Fossil» bezeichnet. *Limulus polyphemus,* die längste Art, erreicht einschließlich Schwanzstachel eine Länge von 60 cm. Die heute noch existierenden Schwertschwänze verteilen sich auf zwei weit voneinander entfernte Verbreitungsgebiete: sie kommen an der atlantischen Küste Nordamerikas vor und an mehreren Stellen im ostasiatischen Raum.

Sehr erfolgreich waren die Arthropoden auch in der Besiedlung festländischer Lebensräume. Sie begannen damit im Silur, also vor fast 450 Millionen Jahren, und besiedelten eine große Zahl der unterschiedlichsten Lebensstätten. Als Voraussetzung für eine Landbesiedlung hatten sie für die feuchte und schleimige Haut einen ausreichenden Verdunstungsschutz entwickelt und die Bildung von speziellen Atmungsorganen war erfolgt. Gut funktionierende Beine machten die Tiere beweglich.

Verschiedene Echinodermen (Stachelhäuter)

Echinodermata, Annelida und Bryozoa

Der Stamm der Echinodermata (Stachelhäuter) umfaßt die heute lebenden Seelilien oder Haarsterne, die Seewalzen oder Seegurken, die Seeigel, die Seesterne und die Schlangensterne sowie die ausgestorbenen Blastoideen, Cystoideen und Edrioasteroiden.
Alle Echinodermen sind Meeresbewohner. Die meisten der heute lebenden Formen bewegen sich frei, nur die urtümlichen Haarsterne sind meist mit einem Stiel festgewachsen. Der Körper der Echinodermen erhält durch ein im Bindegewebe gelagertes Kalkskelett Festigkeit. Dieses Skelett besteht aus einzelnen Platten, die häufig über die Oberfläche herausragende Kalkstacheln tragen. Dies gab der Gruppe ihren Namen: Stachelhäuter. Beim Seeigel sind diese Platten meist fest miteinander verbunden und bilden so eine feste Kapsel.
Der Bauplan der Echinodermen wird von einer sogenannten fünfstrahligen Radiärsymmetrie bestimmt. Vom Mund gehen fünf Radiallinien aus, welche die strahlenförmige Anordnung der Organe um die Mittelachse bestimmen, vergleichbar den Speichen eines Rades.
Die Echinodermen sind eine sehr alte Gruppe von Meerestieren. Sie lassen sich bis in das untere Ordovizium verfolgen. Im Paläozoikum lebten vor allem stieltragende Echinodermen, die zu den heute noch existierenden Seelilien und zu verschiedenen anderen, heute ausgestorbenen Gruppen gehörten. Im Mesozoikum und im Känozoikum traten dann mehr und mehr die freibeweglichen Stachelhäuter in den Vordergrund. Sie bilden auch

heute noch zusammen mit den Seewalzen den Hauptteil der Echinodermen.
Bryozoen oder Moostierchen sind aus allen Formationen der Erdgeschichte bekannt. Erhalten sind ihre verkalkten krusten-, strauch- oder wedelförmigen Skelette. Bryozoen sind stockbildende Tiere, die äußerlich an Korallen erinnern. Die Einzeltiere sitzen reihenweise hintereinander angeordnet und bilden so flache Krusten auf Steinen, Muschelschalen oder einem ähnlichen Untergrund. Dieses moosartige Aussehen gab ihnen den Namen Moostierchen.
Zu den Anneliden oder Ringelwürmern gehören als wichtigste Gruppen die Polychaeten (Vielborster), die Oligochaeten (Wenigborster) und die Hirudineen (Blutegel). Bereits aus dem Kambrium sind marine Würmer bekannt. Ihre Weichkörper sind nur selten erhalten geblieben, in der Hauptsache findet man ihre chitinösen Kiefer, die Scolecodonten, oder aber sie sind uns durch ihre Wohnbauten und Kriechspuren überliefert.

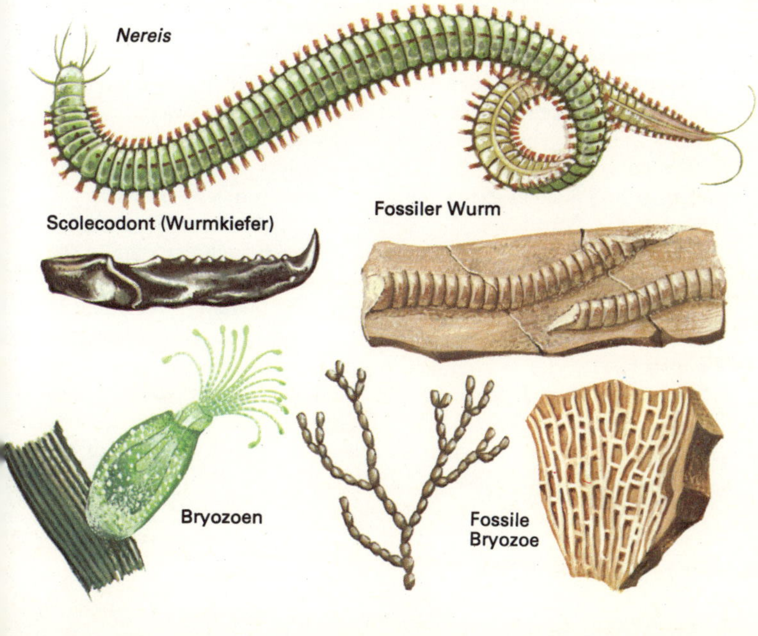

Vertreter der Annelida (Ringelwürmer) und Bryozoa (Moostierchen)

Der Ursprung der Wirbeltiere

Kein fossiler Fund gibt uns Auskunft über den Ursprung der Wirbeltiere. Sie entstanden vermutlich im Silur neben den damals noch vorherrschenden Wirbellosen.

Auf der Suche nach den Wirbeltieren verwandten Formen stoßen wir auf zwei seltsame Gruppen, die in ihrer äußeren Gestalt recht wenig Ähnlichkeit mit einem Wirbeltier besitzen. Es sind dies die Tunicaten (Manteltiere) und die Acranier (Schädellose). Sie besitzen einige kennzeichnende Grundstrukturen, die nur noch bei den Wirbeltieren nachzuweisen sind und daher die Verwandtschaft mit ihnen bestätigen. Diese kennzeichnenden Merkmale sind: Kiemenspalten im vorderen Abschnitt des Darmtraktes, eine Chorda dorsalis (Rückensaite) und ein Neuralrohr, ein über der Chorda liegender, hohler Nervenstrang. Aufgrund dieser Strukturen, die anderen Gruppen im Tierreich fehlen, werden Tunicaten, Acranier und Vertebraten (Wirbeltiere) im Stamm der Chordata (Chordatiere) zusammengefaßt.

Zu den Tunicaten gehören auch die Ascidien oder Seescheiden (s. S. 83). Sie leben einzeln oder bilden Kolonien. Ihr sackförmiger Körper ist am Untergrund festgewachsen. Als einziges Wirbeltiermerkmal sind die Kiemenspalten ausgebildet. Betrachten wir uns aber ihre Larven, so finden wir bei diesen freischwimmenden Tieren noch eine Chorda dorsalis und ein Neuralrohr.

Die urtümlichsten Chordatiere sind zweifellos die zu den Acraniern gehörenden Lanzettfischchen *(Branchiostoma)*. Bei diesem 4 bis 7 cm langen, im Sand der Küsten fast aller Meere lebenden Tier (s. S. 83) bleibt die Chorda dorsalis zeitlebens erhalten, ebenso sind Kiemenspalten und ein Neuralrohr vorhanden.

Es ist das Verdienst der vergleichenden Anatomie und der Embryologie, diese schwierigen Verwandtschaftsverhältnisse aufgedeckt zu haben. Wir können heute mit Recht annehmen, daß die Tunicaten und *Branchiostoma* die niederen Verwandten der Wirbeltiere darstellen, denn sie zeigen den Grundbauplan, von dem sich der Wirbeltierbau ableiten läßt. Das wesentlichste Strukturelement hierbei ist die Chorda dorsalis, die bei den Tunicaten als embryonales Organ, bei *Branchiostoma* zeitlebens vorhanden ist, und die bei erwachsenen Wirbeltieren durch die Wirbelsäule ersetzt wird.

Branchiostoma
(Lanzettfischchen)

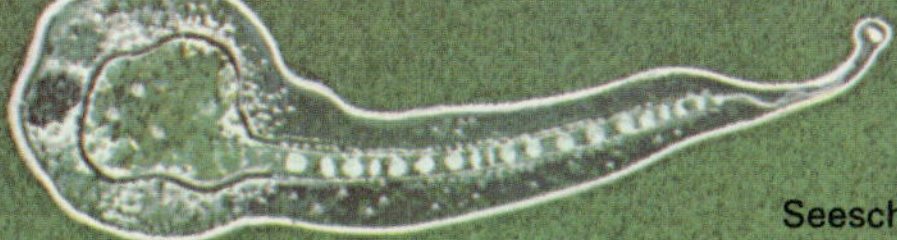

Larve einer Seescheide

Seescheiden-Kolonie

Anatomie einer Seescheide

Der Eichelwurm *Balanoglossus*

Balanoglossus – ein lebendes Verbindungsglied

Die dritte Gruppe sicherer Verwandter der Wirbeltiere bilden die Hemichordaten mit ihren bekanntesten Vertretern, den Eichelwürmern. Es sind wurmähnliche, einfach organisierte, marine Tiere, wie z. B. *Balanoglossus, Glossobalanus* und *Saccoglossus.* Die Eichelwürmer leben in Sand- und Schlammbauten in flachen Meeresgebieten. Nahrung nehmen sie auf, indem sie die Mundöffnung aus ihrem Bau herausstrecken und Sand- und Schlammteilchen in ihren einfach gebauten Nahrungskanal aufnehmen.

Als Zeichen der Wirbeltierverwandtschaft haben die Eichelwürmer Kiemenspalten ausgebildet. Obwohl diese Gruppe sehr urtümliche Organismen darstellen, können sie doch nicht als die

unmittelbaren Vorfahren der Wirbeltiere gelten, weisen uns aber den Weg, auf dem diese Vorfahren zu suchen sind.
Die Larven der Eichelwürmer, die sogenannten Tornaria-Larven, zeigen eine auffallende Ähnlichkeit mit den Larven mancher Stachelhäuter. Zusätzlich durchgeführte serologische Untersuchungen an Vertretern beider Gruppen machten eine solche Verwandtschaft ebenfalls wahrscheinlich.
Es könnte also richtig sein, ein Tier ähnlich einer Echinodermen-Larve als gemeinsame Ursprungsform für Echinodermen, Hemichordaten und Chordaten anzusehen. Noch liegen keine fossilen Beweise für diese Annahme vor, und es bleibt die Frage, ob es jemals Zeugnisse über dieses frühe Stadium der Entwicklungsgeschichte geben wird.
Natürlich suchte man auch bei anderen Tierstämmen nach verwandtschaftlichen Beziehungen mit den Wirbeltieren. Der Stamm der Anneliden (Ringelwürmer) schien einen geeigneten Ausgangspunkt zu bieten. Zwar fehlten bei den Anneliden eine Chorda dorsalis und innere Kiemen, doch diese Merkmale waren auch bei den niederen Chordaten wenig entwickelt. Ein Nervenstrang dagegen war vorhanden, doch war er wie zahlreiche andere Organe auch anders orientiert als bei den Wirbeltieren: er lag auf der Bauchseite der Ringelwürmer und nicht auf der Rückenseite wie bei den Wirbeltieren.
Wollte man nun tatsächlich die Wirbeltier-Vorfahren unter den Ringelwürmern suchen, so wäre eine Umkehrung um 180 Grad erforderlich, um aus einem Ringelwurm ein Wirbeltier entstehen zu lassen.

Larve eines Stachelhäuters (links) und von *Balanoglossus* (rechts)

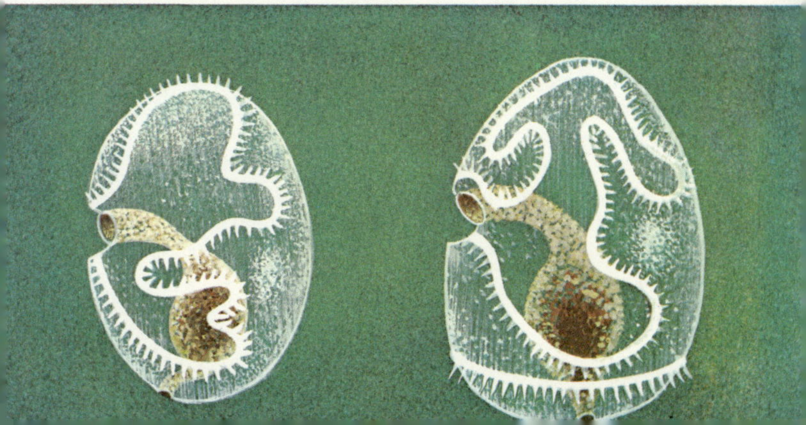

Die ersten Wirbeltiere

Die ersten Wirbeltiere, die auf der Erde lebten, waren fischähnliche Tiere. Fossile Beweise liegen aus dem Mittel-Ordovizium von Colorado (USA) vor. Da ihnen im Gegensatz zu allen anderen Wirbeltieren der Ober- und Unterkiefer fehlte, wurden sie in der Klasse der Kieferlosen (Agnatha) zusammengefaßt. Zu dieser sehr urtümlichen Wirbeltierklasse gehören die ausgestorbenen Urpanzerfische oder Ostracodermi und die heute noch lebenden Rundmäuler oder Cyclostomata. Vertreter der Rundmäuler sind die im Meer und Süßwasser lebenden Neunaugen *(Petromyzon)* und die ausschließlich marin lebenden Schleimfische *(Myxine)*.

Die Blütezeit der Agnathen reichte bis ins Unterdevon. Ein bezeichnender devonischer Vertreter ist *Cephalaspis*. Er besaß einen abgeflachten knöchernen Kopfschild und einen mit Schuppen bedeckten Körper. *Jamoytius*, ein anderer Agnathe, hatte einen torpedoförmigen Körper mit seitlichen Hautfalten entlang großer Teile des Körpers. Die Vertreter dieser Gruppe lebten am

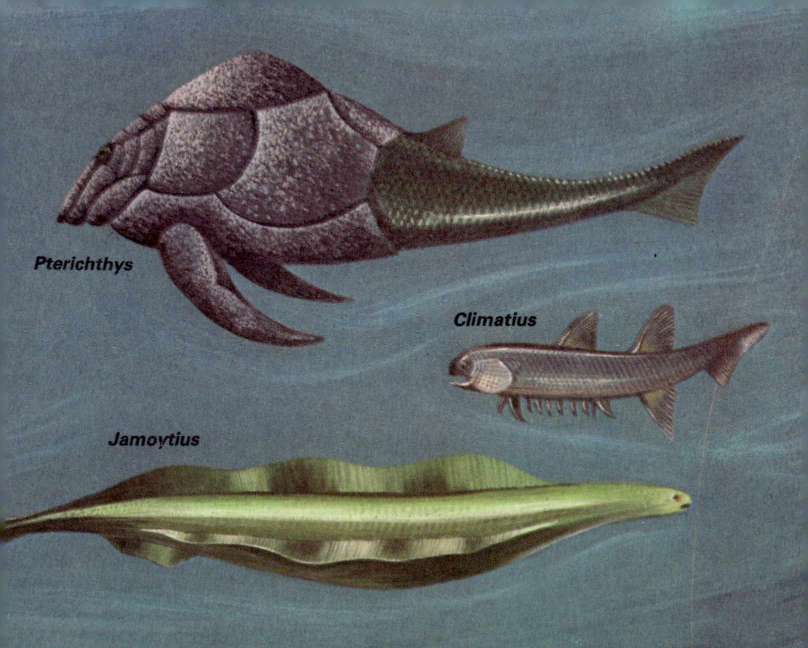

Urtümliche Fische aus dem Devon (links und oben)

schlammigen Boden des Meeres und hielten sich auch im Süßwasser auf.

Gegen Ende des Silurs traten die ersten Fische mit Kiefern auf, die Placodermi oder Echten Panzerfische. Sie haben sich vermutlich aus einer Gruppe der Urpanzerfische entwickelt. Im Gegensatz zu diesen hatten sie – wie schon erwähnt – Kiefer ausgebildet, einige Formen besaßen echte paarige Flossen. Kopf und Rumpf waren wie bei den Urpanzerfischen durch Knochenpanzer geschützt. Ursprünglich waren die Echten Panzerfische wohl Bewohner des Süßwassers. Erst im Devon drangen sie in das Meer vor. In diese Zeit fällt auch ihre Hauptentwicklung. Am Ende des Paläozoikums starben die Echten Panzerfische dann aus.

Die Entwicklung von Kiefern und Flossen stellte einen wichtigen Schritt vorwärts in der Evolution der Wirbeltiere dar. Der Besitz von Kiefern erschloß den Tieren neue Lebensräume und Futterquellen. Ohne Flossen wäre nie ein Wechsel vom Wasserleben zum Landleben möglich gewesen.

Osteichthyes – Knochenfische

Knochenfische traten erstmals im Unterdevon auf und erreichten im späten Paläozoikum ihre Blütezeit. Heute sind sie die arten- und formenreichste unter allen Fischklassen.

Die Knochenfische besitzen ein knöchernes Skelett, ihre Körperoberfläche ist meist mit Schuppen bedeckt. Bei allen urtümlichen Knochenfischen scheinen Lungen vorhanden gewesen zu sein, die jedoch später verschwanden oder in eine Schwimmblase umgewandelt wurden.

Man unterscheidet heute drei Unterklassen: die Actinopterygii (Strahlenflosser), die Dipnoi (Lungenfische) und die Crossopterygii (Quastenflosser). Zu den Strahlenflossern gehören die Chondrostei (Knorpelganoide), die Holostei (Knochenganoide) und die Teleostei (Echte Knochenfische).

Von den Lungenfischen und den Quastenflossern leben heute nur noch wenige Arten. Ihre Bedeutung liegt vor allem in der Aufzeichnung des Evolutionsablaufes der landlebenden Wirbeltiere.

Verschiedene Echte Knochenfische (Teleosteer)

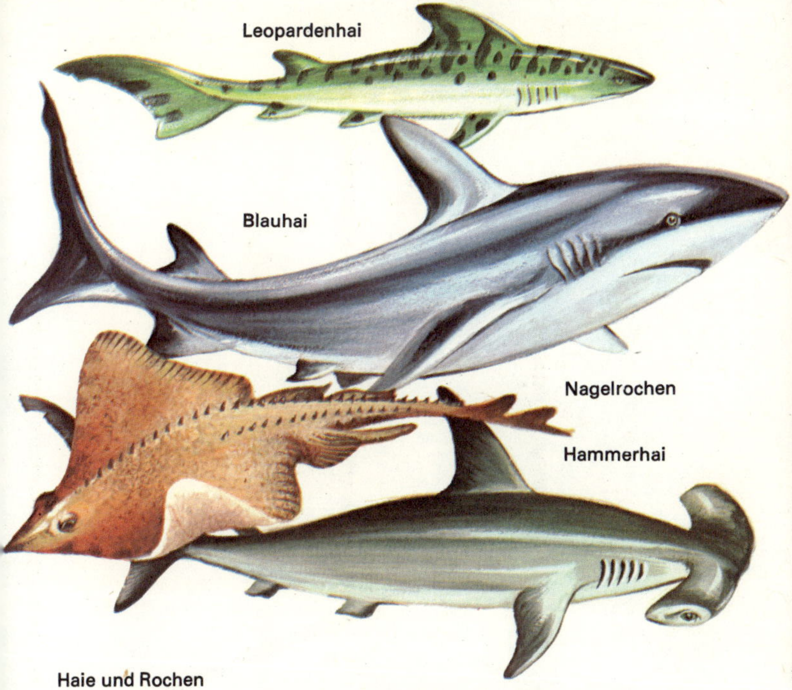

Haie und Rochen

Chondrichthyes – Knorpelfische

Haie, Rochen und Seekatzen (Chimären) sind die heute noch lebenden Vertreter der Knorpelfische. Der Name weist darauf hin, daß ihr Skelett nicht verknöchert ist, sondern aus Knorpel besteht. Die Knorpelfische sind meist ausgezeichnete Schwimmer und leben räuberisch.

Die Haie erschienen erstmals im Devon und erreichten im Paläozoikum eine beachtliche Verbreitung. Viele Gattungen und Arten starben bis zum Ende des Perm aus. Heute leben noch etwa 600 Arten in allen Meeren der Welt. Die ältesten Haie ähnelten schon in bemerkenswerter Weise den heute lebenden Arten. *Cladoselache,* ein gut bekannter Vertreter der Urhaie aus dem Oberdevon von Ohio (USA), wurde bis zu 1,20 m lang. Er besaß einen stromlinienförmigen Körper und ausgeprägte Flossen.

Rochen und Seekatzen erschienen erstmals im Jura.

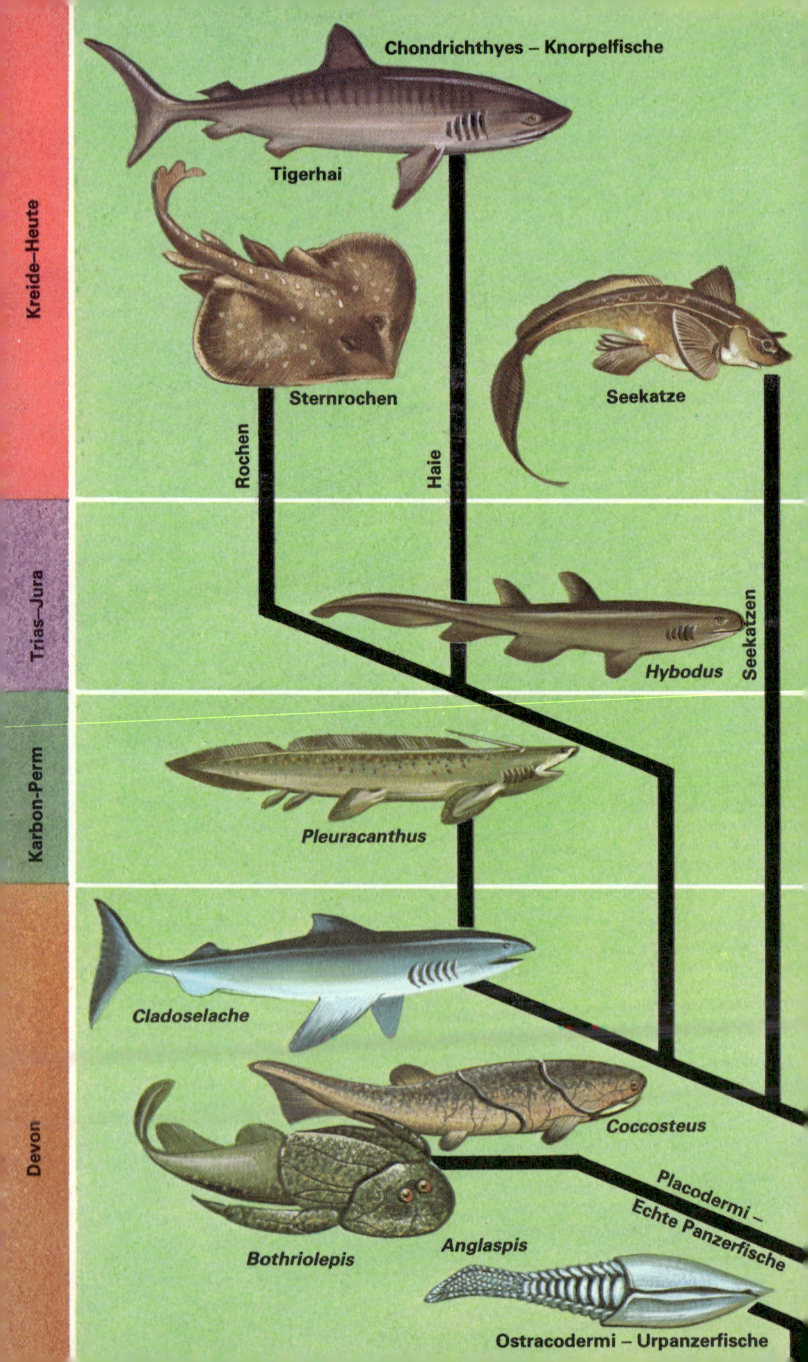

Chondrichthyes – Knorpelfische
Tigerhai
Sternrochen
Seekatze
Rochen
Haie
Kreide–Heute
Trias–Jura
Hybodus
Seekatzen
Karbon-Perm
Pleuracanthus
Devon
Cladoselache
Coccosteus
Placodermi –
Echte Panzerfische
Bothriolepis
Anglaspis
Ostracodermi – Urpanzerfische

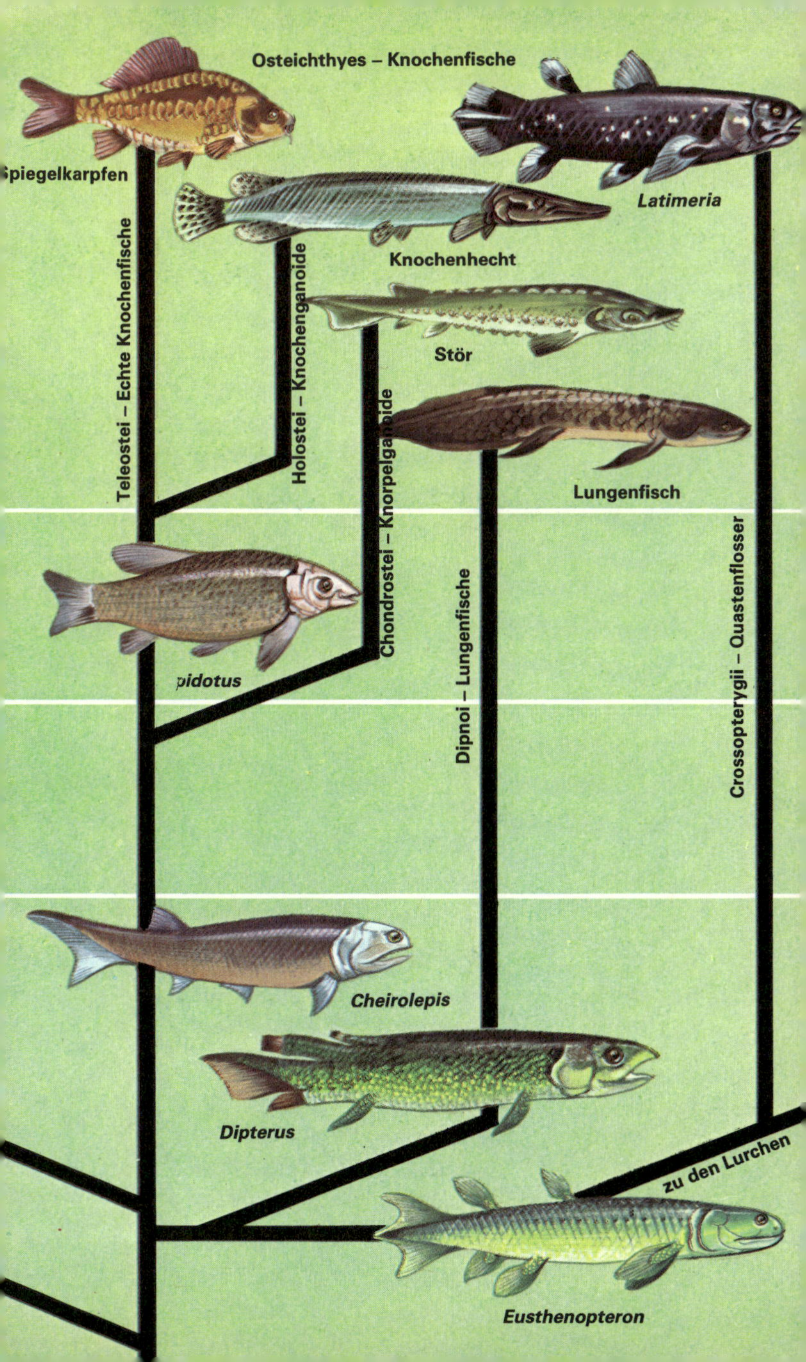

Osteichthyes – Knochenfische
Spiegelkarpfen
Latimeria
Knochenhecht
Stör
Lungenfisch
Teleostei – Echte Knochenfische
Holostei – Knochenganoide
Chondrostei – Knorpelganoide
Dipnoi – Lungenfische
Crossopterygii – Quastenflosser
pidotus
Cheirolepis
Dipterus
zu den Lurchen
Eusthenopteron

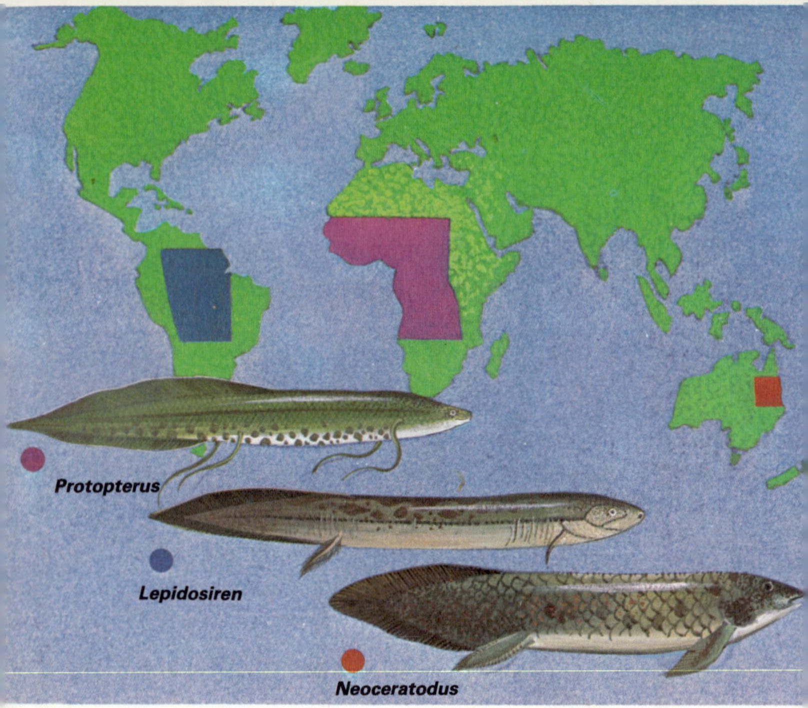

Die heute lebenden Lungenfische und ihre Verbreitung

Dipnoi – Lungenfische

Von den Lungenfischen gibt es heute nur noch drei Gattungen. Sie leben in drei verschiedenen, weit voneinander entfernt liegenden Gebieten: *Neoceratodus* im Flußgebiet des Burnet in Queensland (Australien), *Protopterus* im Weißen Nil, in den großen Seen und im Kongogebiet von Afrika, *Lepidosiren* im Flußgebiet des Amazonas und des Paraná in Südamerika.

Die Lungenfische besitzen an ihrem vorderen Darmabschnitt paarige Lungensäcke, mit denen sie die Luft unmittelbar aufnehmen können. Diese Fähigkeit ermöglicht ihnen das Überleben in ausgetrockneten oder stehenden Gewässern, auch wenn das Wasser nur noch wenig Sauerstoff enthält.

Von frühen Formen der Lungenfische könnten sich die ersten Landlebewesen (Lurche) abgezweigt haben, da die Larven von *Lepidosiren* und *Protopterus* in einigen Merkmalen Ähnlichkeiten mit Lurch-Larven zeigen.

Latimeria – ein lebender Quastenflosser

Die Crossopterygier oder Quastenflosser traten erstmals im Unterdevon auf. Im Karbon wurden sie schon wieder seltener, und seit dem Mesozoikum galten sie als ausgestorben. Doch ihre Versteinerungen sind bekannt. Sie zeigen die typischen Merkmale dieser Gruppe: innere Nasenlöcher, eine funktionstüchtige Lunge und gliedmaßenähnliche paarige Flossen mit knöchernen Skelettresten. Diese Flossen hatten eine erstaunliche Beweglichkeit nach allen Richtungen. Die frühen Quastenflosser lebten im Süßwasser, spätere Formen auch im Meer.

Lange Zeit nahm man an, daß diese Gruppe in der Kreide ausgestorben sei, bis dann im Jahre 1938 ein lebender Quastenflosser in Südafrika gefangen wurde. Dieser Fund war eine echte Sensation, denn er erbrachte den Beweis, daß sich die Quastenflosser seit der Kreide, d. h. seit über 70 Millionen Jahren, völlig unverändert erhalten haben. Seither wurden noch mehrere Exemplare von *Latimeria* gefunden.

Ein lebendes Fossil: *Latimeria*

Flösselhecht

Actinopterygii – Strahlenflosser

Die ältesten Vertreter der Strahlenflosser sind die Palaeonisciden aus dem Mitteldevon. Zu dieser Zeit waren sie den weit erfolgreicheren Lungenfischen und Quastenflossern aber noch unterlegen. Sie wurden erst vom Karbon ab zur dominierenden Fischgruppe. Heute stellen sie den weitaus größten Teil aller Fische mit der Gruppe der Teleostei, den Echten Knochenfischen.

Das Hauptkennzeichen der Strahlenflosser, nach dem diese Gruppe auch ihren Namen hat, sind paarige Flossen, die von Hautfalten gebildet und von Hornstrahlen gestützt werden.

Die Strahlenflosser teilt man ein in die Chondrostei (Knorpelganoide), die Holostei (Knochenganoide) und die schon erwähnten Teleostei (Echte Knochenfische). Kennzeichen der Knorpelganoiden ist der Knorpel als Skelettmaterial, im Unterschied zu den Knochenganoiden, die ein weitgehend verknöchertes Skelett besitzen. Allen Gruppen gemeinsam sind sogenannte Ganoid-Schuppen. Die Knorpelganoiden sind heute noch durch die Störe vertreten, zu den Knochenganoiden gehört z. B. der Schlammfisch *(Amia)*.

Schlammfisch

Stör

Störe und Löffelstöre (Chondrostei)

Die Knorpelganoide sind die älteste und urtümlichste Gruppe der Strahlenflosser. Zu ihnen gehören die heute lebenden Störe und Löffelstöre. Diese Formen besitzen eine typische Schwimmblase und sind von haiähnlicher Gestalt. So gleicht ihre Schwanzflosse der eines Haies und die Schuppen sind auf wenige Reihen entlang des Körpers reduziert; dazwischen tritt eine lederartige Haut hervor. Mit ihren schwachen Kiefern, dem kleinen Mund und der langen Schnauze leben sie im Schlamm grabend.

Schlammfische und Knochenhechte (Holostei)

Die Knochenganoide entwickelten sich im Perm und in der Trias aus den Knorpelganoiden. Ihre Schwanzflosse ist weniger streng haiähnlich und fast symmetrisch gebaut. Die Schwimmblase funktioniert nur noch begrenzt als Lunge und übernimmt mehr und mehr die Funktion eines hydrostatischen Organs. Die einzigen überlebenden Tiere dieser Gruppe kommen im Gebiet der großen Seen in Nordamerika vor. Es sind dies *Amia,* der Schlammfisch oder Kahlhecht, und *Lepisosteus,* der Knochenhecht.

Knochenhecht

Echte Knochenfische (Teleostei)

Die ersten Vorläufer der Knochenfische zeigten sich bereits in der Trias, doch erst in der Kreide begann ihre eigentliche Entwicklung. Schon vor Ende dieser Periode hatten sie die Holosteer (Knochenganoide) verdrängt; seit dieser Zeit haben sie sich den verschiedensten Lebensräumen angepaßt und die vielfältigsten Formen hervorgebracht. Heute sind sie mit etwa 20 000 Arten in allen Meeren und Seen die vorherrschenden Fische.
Die Entwicklung der Echten Knochenfische läßt einige ganz bestimmte Richtungen erkennen. So entstehen z. B. aus den weichstrahligen Flossen der urtümlichen Formen allmählich hartstrahlige Flossen, die Schwimmblase ist bei den höheren Echten Knochenfischen geschlossen, während bei den niederen noch eine Verbindung zum Darm besteht.

Die Heringe und ihnen verwandte Formen (Salm, Forelle) sind die ursprünglichsten Vertreter der Echten Knochenfische.
Karpfen und Katzenfische gehören zu einer größeren Gruppe von Süßwasserfischen.
Zu den fortgeschrittensten Teleosteern gehören u. a. die marinen Thunfische, Flundern und Barsche. Ihre Körperformen sind so verschiedenartig und ihre Anpassungen so mannigfaltig, daß man sie als den Höhepunkt der Fischentwicklung betrachten kann. Man denke nur an die Plattfische wie Scholle, Flunder und Seezunge, die sich mit ihrer Form so vollkommen an ein Leben auf dem Meeresboden angepaßt haben.

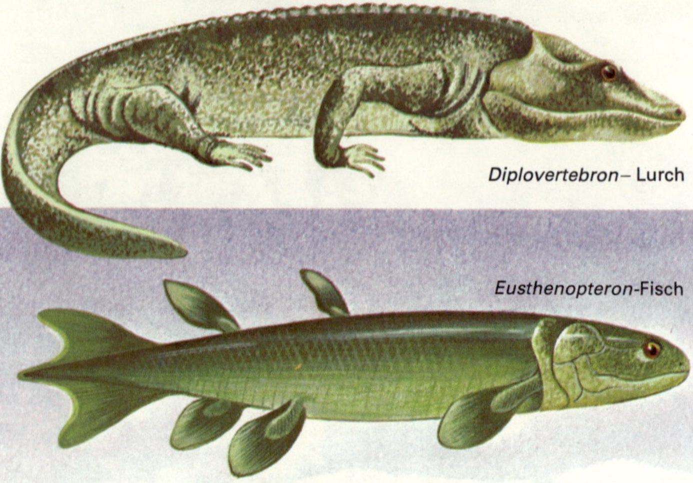

Stammbaum der Lurche (Amphibien), rechts

Die Eroberung des Landes

Der entscheidende Schritt vom Wasser- zum Landleben wurde zuerst und vollständig im Devon von einigen frühen Lurchen vollzogen. Doch dieser Übergang geschah nicht plötzlich, sondern war bereits vorbereitet worden. So hatten einige Knochenfische bereits Lungen ausgebildet, und aus den starken Flossen der Quastenflosser konnten sich Landgliedmaßen entwickeln, die den Körper abstützten und eine Fortbewegung ermöglichten. Wahrscheinlich waren auch die Quastenflosser schon zeitweise zum Landleben übergegangen, als große Teile ihrer Wohngewässer austrockneten. Sie gelten auf jeden Fall als die Ahnen der Lurche und somit der vierfüßigen Landtiere. Sie stimmen im Bau des Schädeldaches und des Schultergürtels weitgehend mit den ältesten Lurchen überein.

Man suchte natürlich nach Übergangsfossilien zwischen den fortgeschritteneren Quastenflossern und den urtümlichen Lurchen, konnte jedoch bis heute noch keine entdecken. Einige vermittelnde Merkmale zwischen beiden Gruppen zeigen lediglich die Ichthyostegalier, die ältesten fossilen Lurche aus dem Oberdevon von Ostgrönland. Sie sind sehr frühe Vertreter der Lurche, und von ihnen ausgehend vollzieht sich die Evolution dieser Gruppe.

Wassermolch
Frosch
Blindwühlen
Schwanzlurche
Salamander
Froschlurche
Stereospondyli
Diplocaulus
Eogyrinus
Lepospondyli
Embolomera
Eryops
zu den Kriechtieren
Ichthyostegalia
Ichthyostega

Eryops

Fossile und rezente Lurche (Amphibia)

Nach den Vorfahren der landbewohnenden Wirbeltiere müssen wir im späten Paläozoikum suchen. Im Karbon und im frühen Perm lassen sich zahlreiche urtümliche Lurche nachweisen. Reste von fossilen Lurchen waren auch schon im Devon von Ostgrönland gefunden worden.

Die ersten Wirbeltiere, die an Land gingen, waren die Panzerlurche oder Labyrinthodontier. Im späteren Paläozoikum und frühen Mesozoikum waren sie in großer Zahl vorhanden und hatten die verschiedensten Formen ausgebildet. Sie besaßen einen großen Kopf, der mit dicken Knochenplatten bedeckt war. Mit

Branchiosaurier: salamanderähnliche Fossilien

ihren kräftigen Beinen konnten sie sich sowohl im Wasser als auch auf dem Land gut fortbewegen. Ein typischer Vertreter dieser Gruppe ist die Gattung *Eryops*. *Eryops* aus dem späten Oberkarbon und Perm war etwa 2 m lang, er hatte kurze Gliedmaßen und einen verhältnismäßig hohen Körper und wirkte sehr schwerfällig und mächtig.
Aus diesen urtümlichen Lurchen entwickelten sich über bestimmte paläozoische Formen die heutigen Schwanzlurche und die Blindwühlen. Die Schwanzlurche ähneln in ihrer ganzen Erscheinung noch sehr den urtümlichen Formen, Unterschiede bestehen jedoch im Schädel- und Skelettbau.
Die fußlosen Lurche, die Blindwühlen, sind unauffällige, sich eingrabende Tiere, die in den tropischen Gebieten Asiens, Afrikas und Amerikas vorkommen. Ihre Entwicklungsgeschichte ist

nur unvollkommen bekannt, da wir keine versteinerten Reste kennen.
Von den Labyrinthodontiern selbst zweigen sich zu einem späteren Zeitpunkt die Froschlurche ab. Sie sind die erfolgreichste Gruppe unter den heute lebenden Lurchen, da sie sich gleichermaßen gut sowohl an eine Fortbewegung auf dem Land als auch im Wasser angepaßt haben und in beiden Umgebungen leben können. An Land halten sie sich jedoch als Schutz gegen Austrocknung vorwiegend in feuchten Gebieten auf. Obwohl sie in ihrer Lebensweise weitgehend vom Wasser unabhängig geworden sind, müssen sie zur Fortpflanzung noch das Wasser aufsuchen.

Seymouria

Reptilia – Kriechtiere

Obwohl die Lurche als erste das Land erobert hatten, nehmen ihre heutigen Vertreter unter den Wirbeltieren nur noch eine untergeordnete Stellung ein. Die Kriechtiere dagegen haben das Land vollkommen eingenommen. Der Grund hierfür ist leicht ersichtlich, wenn man die Entwicklung vom Ei zum erwachsenen Individuum bei beiden Gruppen untersucht.

Die Lurche sind zeitlebens vom Wasser abhängig, denn ihre Eier müssen in das Wasser abgelegt werden. Dort entwickeln sie sich zum erwachsenen Tier. Eine Ausnahme bilden nur die spezialisierten Blindwühlen.

Die Kriechtiere haben einen anderen Entwicklungsprozeß herausgebildet. Das Reptilien-Ei wird auf dem Lande abgelegt. Während das Lurch-Ei seine Nahrung und seinen Schutz von der Wasserumgebung bezieht, erhält das Kriechtier-Ei Schutz durch eine Schale und ausreichend Nahrung von einem Dottersack. Durch eine besonders ausgebildete Eihülle, das Amnion, wird der Embryo in einen flüssigkeitsgefüllten Raum eingeschlossen. Aufgrund dieser speziellen Eihülle wird das Kriechtier-Ei auch als Amnioten-Ei bezeichnet.

Die Cotylosaurier oder Stammsaurier aus dem Oberkarbon sind die ältesten Kriechtiere. Sie haben sich vermutlich aus den Seymouriamorpha entwickelt. *Seymouria,* ein etwa 60 cm langer Panzerlurch aus dem Unterperm von Texas, hat dieser Gruppe den Namen gegeben. Er besaß sowohl Kriechtier-Merkmale als auch Lurch-Merkmale. So waren z. B. der Bau des Schädels und die Zähne einem Lurch sehr ähnlich, während die Aufhängung des Kiefers, der Bau des Schultergürtels und der Bau der Gliedmaßen an die Kriechtiere erinnerten. Als direkter Vorfahre der Kriechtiere kann *Seymouria* jedoch nicht gelten, da er erst im Perm auftrat, zu einer Zeit also, zu der die Kriechtier-Entwicklung bereits begonnen hatte.
Auch die Einstufung von *Seymouria* als Lurch kann noch nicht endgültig sein. Die Frage, ob er der großen Gruppe der Kriechtiere oder der Gruppe der Lurche angehört hat, kann erst entschieden werden, wenn wir wissen, ob er seine Eier auf dem Lande wie die Kriechtiere oder im Wasser wie die Lurche abgelegt hat.

Dimetrodon

Tertiär–Heute
Kreide
Jura
Trias
Perm
Säugetiere
Brückenechse
Schildkröten
Plesiosaurier
Ichthyosaurier
Rhynchocephalida
Nothosaurier
Theriodontier
Dicynodontier
Placodontier
Pelycosaurier
Tapinocephalier
Cotylosaurier

Stammbaum der Reptilien (Kriechtiere)

Reptilien (Kriechtiere) zur Jurazeit

Das Zeitalter der Kriechtiere

Das Mesozoikum (Trias, Jura und Kreide) mit einer Dauer von etwa 165 Millionen Jahren wird meist als das Zeitalter der Kriechtiere bezeichnet. Obwohl während dieser Zeit zum ersten Mal auch Vögel, Säugetiere und Insekten erschienen, blieben die Kriechtiere doch die vorherrschende Gruppe.

Die ältesten mesozoischen Kriechtiere umfassen sehr verschiedenartige Formen. Einige von ihnen, die Ichthyosaurier und die Plesiosaurier, kehrten zum Wasserleben zurück. Unter den landlebenden Kriechtieren entwickelte sich eine Gruppe zu schnelllaufenden Zweifüßern, die Thecodontier. Von ihnen leiten sich später auch die Dinosaurier ab.

Die Pelycosaurier (Kammsaurier) entwickelten sich im Oberkarbon. In dieser Gruppe sind sehr verschiedenartige Formen vereinigt. Einige erreichten eine Länge von über 3 m. Ihr auffallendstes Kennzeichen waren verlängerte Dornfortsätze auf dem Rücken. Diese Fortsätze waren vermutlich durch eine Zwischenhaut verbunden und bildeten auf diese Weise eine Art «Segel». Die Funktion dieses Segels ist bis heute noch ungeklärt. Man vermutet, daß es mit seiner großen Oberfläche der Temperaturregelung gedient oder aber, daß es eine Schutzfunktion ausgeübt haben könnte.

Auf die Pelycosaurier folgten im späten Perm und in der frühen Trias die Therapsiden. Zu ihnen gehörten die Dicynodontier, eine weit verbreitete Gruppe pflanzenfressender Saurier, und die Theriodontier.

Die Therapsiden waren eine außerordentlich interessante Gruppe, zeigten sie doch schon eine erste Stufe in der Entwicklung zu den Säugetieren. Einige von ihnen, z. B. die Gattung *Cynognathus* aus der Gruppe der Theriodontier, ähnelten den späteren Säugetieren so sehr, daß man in den Therapsiden sogar die Vorfahren der Säugetiere vermutet.

Noch eine weitere Saurier-Gruppe steht den Säugetieren recht nahe: die Ictidosaurier der oberen Trias. Einige von ihnen nehmen eine ähnlich vermittelnde Stellung zwischen den Kriechtieren und Säugetieren ein wie der erwähnte Panzerlurch *Seymouria* zwischen den Lurchen und Kriechtieren.

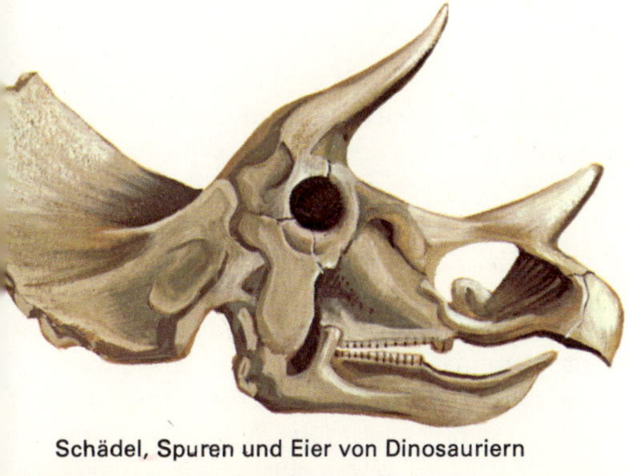

Schädel, Spuren und Eier von Dinosauriern

Die Dinosaurier

Unter Dinosauriern stellt man sich meist sehr große, wenn nicht sogar riesenhafte Tiere vor. Diese Vorstellung ist nicht ganz richtig; zahlreiche Vertreter dieser Kriechtier-Gruppe wurden zwar tatsächlich sehr groß und erreichten teilweise auch ein Gewicht von etwa 50 Tonnen, es gab aber auch sehr kleine Formen, die nicht größer als ein Huhn waren.

Nach dem Bau des Beckengürtels unterscheidet man bei den Dinosauriern zwei große Gruppen: die Saurischia, Dinosaurier mit echsenhaftem Becken, und die Ornithischia, Dinosaurier mit vogelhaftem Becken. Beide stammen von einem gemeinsamen Vorfahren ab. Die ältesten Saurischia waren ebenso wie die ältesten Ornithischia Zweifüßer, später gingen dann in beiden Gruppen einige Vertreter wieder zur vierfüßigen Lebensweise über.

Zu den Saurischia gehören z. B. die kleinen, zweifüßigen Läufer *Compsognathus* und *Ornitholestes* aus dem oberen Jura. Die Stellung ihrer Zehen – drei nach vorn, eine nach hinten – gleicht

Dinosaurier aus der Kreide

denen sitzender Vögel. Deshalb hielt man diese Dinosaurierabdrücke zunächst auch für Abdrücke altertümlicher Vögel.
Struthiomimus und *Ornithomimus* sahen etwa wie die heutigen Strauße aus. Sie besaßen einen hornigen Schnabel und ernährten sich vermutlich von Eiern.
Auch die größten Raubtiere unter den Dinosauriern und die größten pflanzenfressenden Dinosaurier gehören zur Gruppe der Saurischia. *Tyrannosaurus* war ein etwa 20 m langer und 5 m hoher Räuber. Die Pflanzenfresser *Apatosaurus, Diplodocus* und *Brachiosaurus* waren die größten Landlebewesen: 25 m lang, 5 m hoch und etwa 40–50 Tonnen schwer.
Die Ornithischia waren eine recht auffallende Gruppe. Meist waren sie zum Schutz gegen die großen Raubtiere ihrer Zeit gepanzert. *Stegosaurus* hatte den Rücken mit Platten und Stacheln besetzt, *Triceratops,* wie *Stegosaurus* ein harmloser Pflanzenfresser, besaß zwei Hörner auf dem Kopf und ein knöchernes Nackenschild.

Marine Kriechtiere

Die Kriechtiere waren als erste Wirbeltiergruppe vollständig zum Landleben übergegangen. Einige von ihnen kehrten jedoch später wieder in das Meer zurück und paßten sich erneut allen Bedingungen an, die für ein Leben im Wasser notwendig sind. Wie die Land-Kriechtiere, so entwickelten auch sie in dieser neuen Umgebung recht schnell ganz verschiedenartige Formen.
Die Schildkröten sind sehr altertümliche Kriechtiere. Sie stammen aus der Trias und haben sich seit dieser Zeit nur wenig verändert. Die meisten heutigen Schildkröten sind Sumpf- und Teichbewohner, eine Gruppe jedoch ist völlig zum Landleben übergegangen.
Auch eine Anzahl mesozoischer Kriechtiere kehrte zu einer marinen Lebensweise zurück, z. B. die Ichthyosaurier oder Fischechsen. Sie besaßen eine fischähnliche Gestalt, beim Schwimmen verwendeten sie den Schwanz als Hauptantriebskraft. Ihre Gliedmaßen waren soweit verändert, daß sie zur

Meerestiere der Jurazeit

Fortpflanzung nicht mehr an Land kommen konnten. Damit änderte sich auch die Fortpflanzungsweise der Ichthyosaurier. Sie konnten nicht mehr wie bisher Eier an Land ablegen, sondern brachten nur lebende Junge zur Welt. Diese Annahme scheint zuzutreffen, denn man hat im Körper von fossilen, erwachsenen Ichthyosauriern bis zu sieben Skelette junger Tiere gefunden.

Räuberisch lebende, marine Saurier waren die bis zu 12 m langen Mosasaurier und Geosaurier. Die Geosaurier lebten im Jura und in der Kreide, die Mosasaurier oder Maasechsen blieben auf die Oberkreide beschränkt.

Nothosaurier und Plesiosaurier hatten sich mit ihren schlanken Flossen zu sehr schnellen Schwimmern entwickelt. Auch die Placodontier waren, wenn auch in ganz anderer Weise, auf ein Leben im Wasser spezialisiert: sie ernährten sich von Muscheln und Schnecken, deren Schalen sie mit einem dazu modifizierten Gebiß aufknackten.

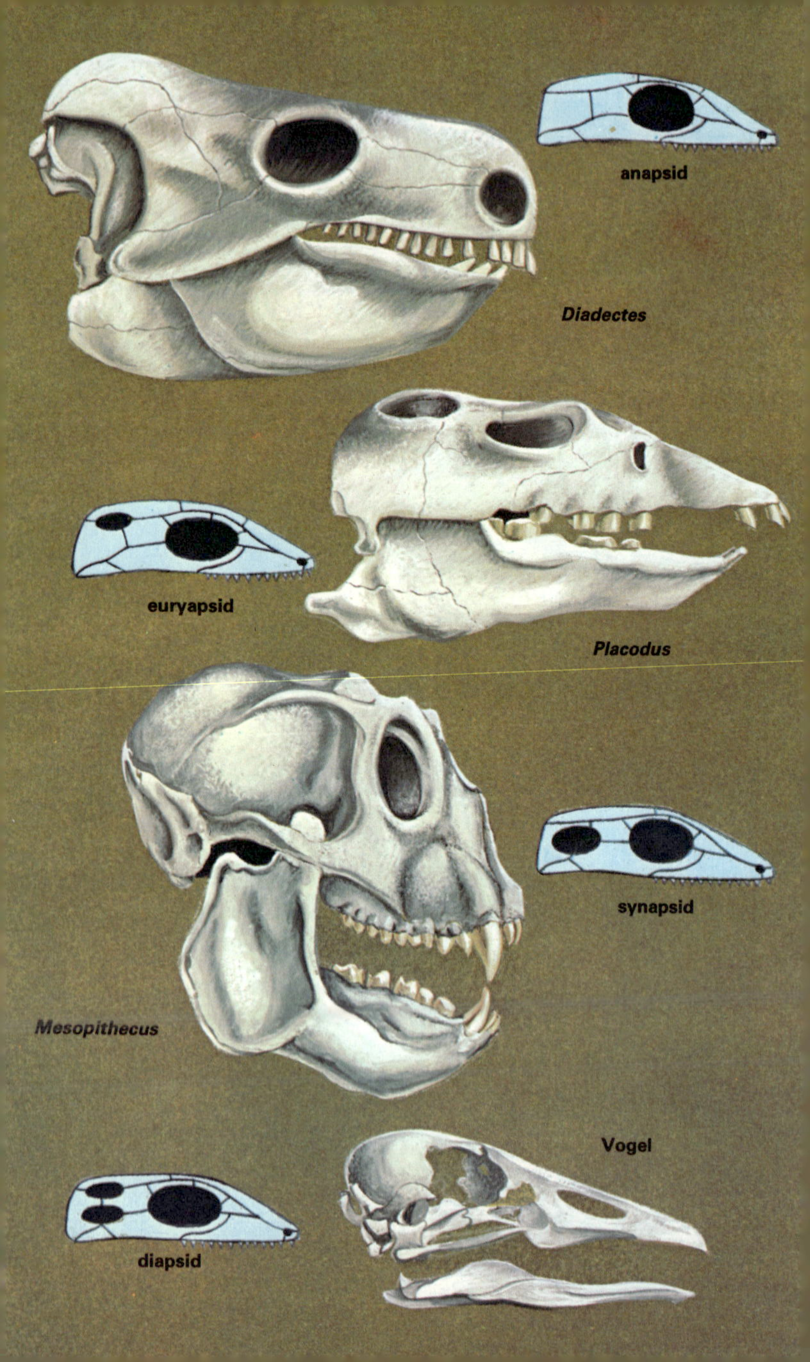
anapsid
Diadectes
euryapsid
Placodus
synapsid
Mesopithecus
Vogel
diapsid

Entwicklung des Schädeldaches

Ein sehr wichtiges Merkmal bei der Klassifizierung der Kriechtiere und beim Aufzeigen von Verwandtschaftsbeziehungen zu anderen Tiergruppen stellt die jeweilige Ausbildung der Schläfenbeinregion dar. Je nach Lage und Zahl der sogenannten Schläfenöffnungen (auch Schläfenfenster genannt) lassen sich folgende Schädeltypen unterscheiden: der anapside, der synapside, der diapside und der euryapside Schädeltyp; auf den parapsiden und den katapsiden Typus wird hier nicht näher eingegangen.

Beim anapsiden Schädeltyp ist das Schädeldach geschlossen. Wir finden diese Ausbildung bei den urtümlichen Kriechtieren (Cotylosaurier) und bei den Schildkröten; letztere sind jedoch z. T. sekundär anapsid.

Beim synapsiden Schädeltyp enthält das Schädeldach eine untere Schläfenöffnung auf jeder Seite. Diese Öffnung wird oben jeweils vom postorbitalen und squamosalen Knochen, unten vom jugalen Knochen begrenzt. Diesen Schädeltyp besaßen die Vorfahren der Säugetiere.

Der diapside Schädeltyp zeigt auf jeder Seite zwei Schläfenöffnungen, die durch die postorbitalen und squamosalen Knochen getrennt werden. Diese Ausbildung findet man bei vielen Kriechtieren, z. B. bei Dinosauriern, Pterosauriern und den heutigen Krokodilen. Eidechsen und Schlangen stammen von diapsiden Vorfahren ab, sie haben jedoch einen bzw. zwei Jochbögen verloren. Aus dem diapsiden Schädel hat sich auch der Vogelschädel entwickelt. Die Vögel verloren das Postorbitale, so daß die ursprünglich vorhandenen zwei Öffnungen in der Schläfenbeinregion mit dem Auge zusammen eine einzige Öffnung bilden.

Beim euryapsiden Schädeltyp hat das Schädeldach eine obere Öffnung, die unten vom postorbitalen und vom squamosalen Knochen begrenzt wird. Dieser Schädeltyp kommt bei Nothosauriern, Plesiosauriern und Placodonten vor.

Die aufgeführten Schädeltypen sind in der nebenstehenden Abbildung dargestellt an dem Cotylosaurier *Diadectes* und der Pflasterzahnechse *Placodus* (beides Kriechtiere), am fossilen Primaten *Mesopithecus* und an einem Vogel.

Schädeltypen von verschiedenen Wirbeltieren

Archaeopteryx

Die Entstehung des Fluges

Meer und Land waren besiedelt. Einen erfolgreichen Vorstoß zur Beherrschung des Luftraumes hatten unter den Kriechtieren die Pterosaurier (Flugechsen) zu Beginn der Juraperiode unternommen. Diese zu den Archosauriern gehörende Gruppe besaß Flügel, leichte Knochen und ein leistungsfähiges Sehvermögen, war also ausreichend an ein Leben in der Luft angepaßt. Diese jurassischen Arten waren klein, die Unterkiefer waren verlängert und mit langen spitzen Zähnen versehen. Im späten Jura erschien dann eine andere Pterosauriergruppe, die Pterodactyler, große Tiere, bei denen die Zähne fast vollständig fehlten. Die Kiefer besaßen die Gestalt eines vogelähnlichen Schnabels. Am Ende der Kreide starben die Pterosaurier aus.

Den nächsten Vorstoß zur Eroberung der Luft unternahmen die Vögel. Sie stammen ebenso wie die Pterosaurier von der Kriechtiergruppe der Archosaurier ab. Wie sich die Umwandlung von den kaltblütigen Kriechtieren zu den warmblütigen Vögeln vollzogen hat, darüber gibt es keine Beweise. Wir wissen aber, daß die ersten Vögel mit den Pterosauriern schon während der Jurazeit erschienen. Diese Vögel sind uns als *Archaeopteryx* aus den Plattenkalken von Solnhofen in Bayern bekanntgeworden. Ihre gut erhaltenen Skelette zeigen zahlreiche Merkmale der Kriechtiere, doch waren auch Abdrücke von Federn erhalten, so daß diese Fossilien als Vögel klassifiziert wurden.

Im Verlauf der Kreidezeit entwickelten sich Formen, die wohl noch bezahnte Kiefer besaßen, die in jeder anderen Struktur jedoch den heute lebenden Vögeln weitgehend glichen. Zwei Vogelgattungen sind uns aus der Kreide gut bekannt: *Ichthyornis,* ein etwa taubengroßer Vogel, der sehr gut fliegen konnte, und *Hesperornis,* ein flugunfähiger, etwa 2 m großer Schwimm- und Tauchvogel.

Noch ungelöst ist die Frage, wie sich das freie Fliegen überhaupt entwickelt hat. Die Meinungen darüber gehen auseinander. Einmal vermutet man, daß die Vögel zunächst auf dem Boden lebten. Hier sei aus einem schnellen Rennen, bei dem zusätzlich mit den befiederten vorderen Gliedmaßen geschlagen wurde, allmählich das Fliegen entstanden.

Die andere Theorie nimmt an, daß die ersten Vögel auf Bäume kletterten und von dort zunächst in einer Art Sprungflug auf den Boden glitten und später dann auch zu anderen Bäumen hinüberflogen.

Hesperornis, ein flugunfähiger Tauchvogel aus der Kreide

Die Entwicklung der Vögel

Die Verzweigung des Vogelstammes nahm im Tertiär ihren Fortgang. Durch die Besiedlung der verschiedensten Umweltbereiche und die damit verbundenen Veränderungen in Gestalt, Färbung und in den Verhaltensweisen entstand die gegenwärtige Vielfalt der Vogelwelt.

Der winzige Kolibri und der ausgestorbene, etwa 3 m große Elefantenvogel von Madagaskar, der flugunfähige, bodenlebende

Strauß und die Albatrosse und Schwalben, Raubvögel, Pinguine, Stelzvögel und Paradiesvögel sind alle Angehörige dieser einen Tierklasse. Die rund 8600 auf der Erde lebenden Vogelarten werden in fast 30 Ordnungen unterteilt. Die Mehrzahl aller Vögel gehört zu den Passeriformes oder Sperlingsvögeln, denen auch die Singvögel angehören.

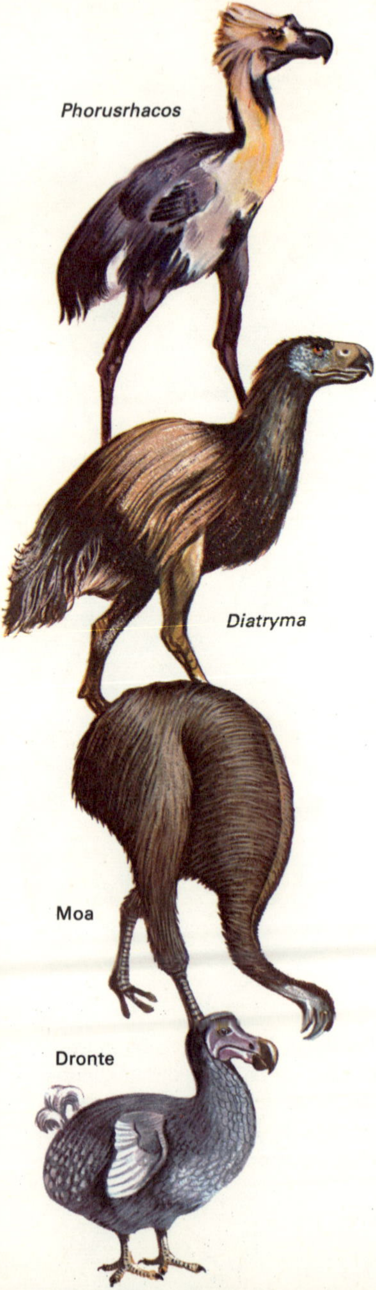

Ausgestorbene flugunfähige Vögel

Viele Vogelarten konnten sich den erdgeschichtlichen Veränderungen nicht ausreichend anpassen und starben aus. Dazu zählen Arten der Gattung *Phorusrhacos,* etwa 1,50 m große, flugunfähige, räuberische Laufvögel aus dem Pleistozän von Südamerika und Florida. Ihre gewaltigen, pferdeähnlichen Schädel ähnelten äußerlich denen der Gattung *Diatryma,* nahe verwandten, aber weit größeren (bis etwa 2,15 m) Laufvögeln aus dem Eozän von Nordamerika und Europa. Die folgenden zwei Vogelgruppen starben nicht in vorgeschichtlicher Zeit aus, sondern erst, als der Mensch ihre Heimat besiedelt hatte. Die Moas, weit über 3 m große, flugunfähige Laufvögel, lebten in Neuseeland. Sie mußten im Mittelalter den einwandernden Maoris weichen. Östlich von Madagaskar, auf der Insel Mauritius, kamen die Dronten vor, schwanengroße Vögel mit einem massigen Leib und winzigen Flügelstummeln. Seit Mauritius im Jahre 1505 entdeckt und später dort Strafkolonien errichtet worden waren, war das Schicksal dieser Vögel besiegelt. Bereits vor dem Jahre 1700 waren die Dronten ausgerottet.

Lebende flugunfähige Vögel

Strauße, Nandus, Kiwis, Emus und Kasuare sind flugunfähige Laufvögel, die auch unter dem Namen «Ratiten» zusammengefaßt werden. Sie sind rückgebildete Formen einst fliegender Vorfahren. Von den Straußen ist die einzige noch lebende Art, der Afrikanische Strauß, vermutlich nur noch in Afrika beheimatet. Im Tertiär waren Strauße von der Schweiz und Ungarn bis nach China und Indien verbreitet. Charakteristisch für sie sind ihre langen, kräftigen Beine, mit denen sie sich unglaublich schnell über offene Ebenen hinweg fortbewegen können. Als einziger Vogel besitzt der Strauß nur noch zwei Zehen. Die südamerikanischen Nandus sehen wie kleine Strauße aus. Doch sind bei ihnen als Unterschied die Beine dreizehig und Kopf und Schenkel sind befiedert. Fossile Formen wurden im unteren Eozän und im unteren Pleistozän von Südamerika gefunden. In Australien leben die Kasuare und die mit ihnen verwandten Emus, auf Neuseeland sind die Kiwis heimisch. Die Pinguine besitzen kräftige, zu Schwimmflossen umgewandelte Flügel. Man nimmt an, daß sie sich von fliegenden Sturmvögeln ableiten.

Die Herkunft der Säugetiere

Die Säugetiere stammen von den Kriechtieren ab. Die ältesten Reptilien, die den Säugern vorangingen, waren die Pelycosaurier und die etwas später auftretenden Therapsiden. Es sind bei diesen beiden Gruppen vor allem Merkmale des Schädels, der Kiefer und der Gliedmaßen, die den Säugern schon sehr nahe kommen.

Die ersten Säugetiere erschienen bereits im Jura, doch bis zum Ende der Kreidezeit blieben sie neben den mächtigen Dinosauriern klein und unbedeutend. Doch während dieser Zeit durchliefen sie die Anfangsstadien ihrer Entwicklung, so daß sie am Ende der Kreidezeit, als die Saurier ausstarben, die herrschende Gruppe der Kriechtiere ablösen konnten.

Schwerfällige, pflanzenfressende Kriechtiere wie *Ophiacodon* starben während der Kreide aus.

Als Ursache für den Wechsel werden klimatische und geographische Veränderungen zu Beginn des Tertiärs angenommen. Dazu kamen bei den Säugetieren die Entwicklung eines Haarkleides, die damit verbundene Warmblütigkeit, die Weiterentwicklung des Gehirns und viele andere erfolgreiche Ausbildungen, die einen schnellen Aufstieg der Säugetiere ermöglichten.

Als wesentliche Neuerung bei den Säugern wurden die Jungen lebend geboren und während der ersten Lebensabschnitte ernährt und gepflegt. Nur die Säuger-Gruppe der Monotremen (Kloakentiere) legte und legt noch heute wie ihre Kriechtier-Vorfahren beschalte Eier. Als einzige Vertreter dieser seltsamen

Schnabeligel

Gruppe leben heute in Australien das Schnabeltier *(Ornithorhynchus anatinus)* und der Schnabeligel *(Tachyglossus aculeatus)*. Beide Arten sind äußerst urtümliche Säugetiere. Wahrscheinlich haben sie sich schon im frühen Mesozoikum vom Hauptstamm der Säugetiere abgezweigt. Die Monotremen sind als erwachsene Tiere zahnlos, besitzen aber einen langen hornigen Schnabel. Der Schnabeligel trägt lange starke Stacheln und schützt sich damit vor seinen Feinden. Seine Grabbeine sind äußerst kräftig. Wie jedes Säugetier besitzt er ein Haarkleid (Pelz) und säugt seine Jungen.

Schnabeltier

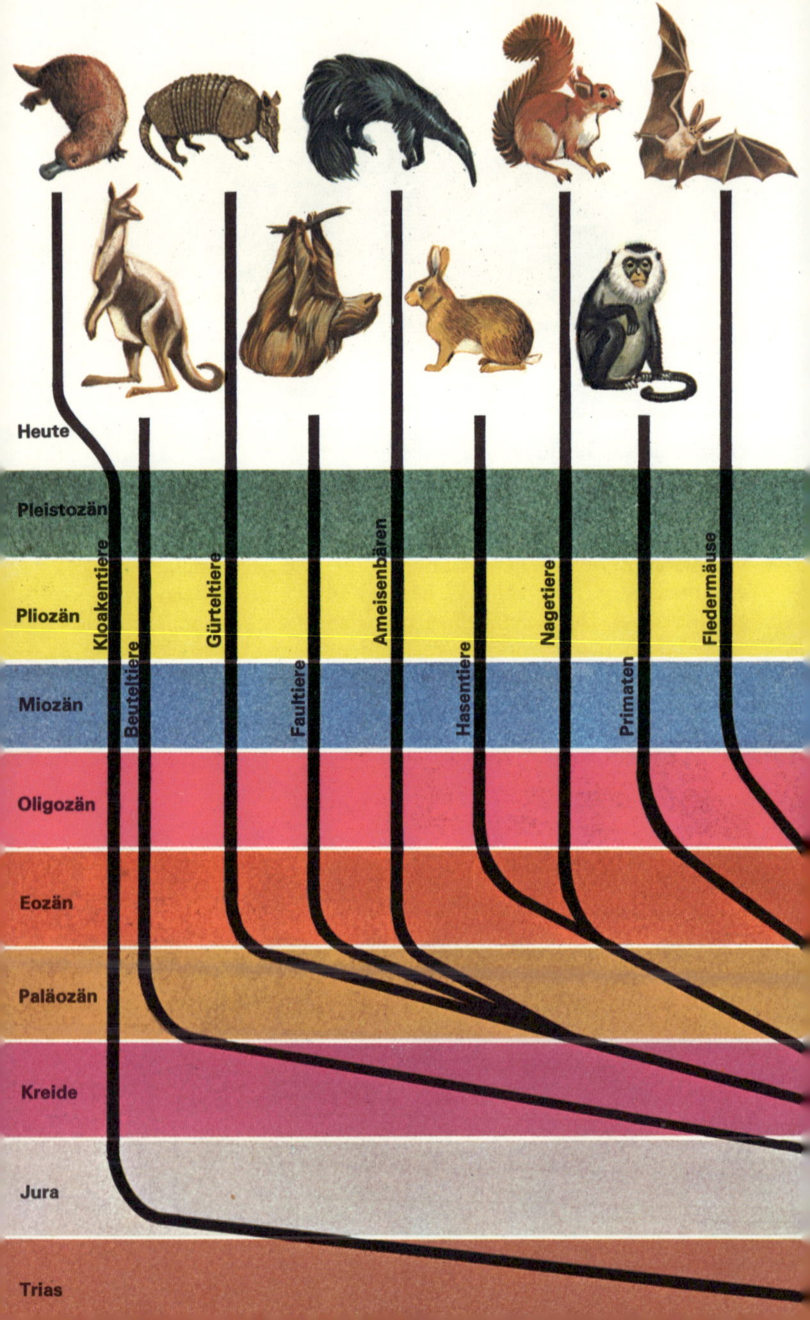

Heute
Pleistozän
Pliozän
Miozän
Oligozän
Eozän
Paläozän
Kreide
Jura
Trias
Kloakentiere
Beuteltiere
Gürteltiere
Faultiere
Ameisenbären
Hasentiere
Nagetiere
Primaten
Fledermäuse

Insektenfressende Säugetiere
Wale
Raubtiere
Paarhuftiere
Unpaarhuftiere
Elefanten
Condylarthren
Titanotherien
Chalicotherien
Uintatherien
Amblypoden
Triconodontier
Symmetrodontier
Multituberculaten
Therapsiden
Stammbaum der
Mammalia (Säugetiere)

Beuteldachs

Opossum

Marsupialia – Beuteltiere

Die Beuteltiere verdanken ihren Namen der Tatsache, daß das Beuteltier-Weibchen auf der Bauchseite einen Beutel trägt, in dem die Jungen ernährt und aufbewahrt werden. Die Mehrzahl der Beuteltiere lebt heute mit etwa 240 verschiedenen Arten in Australien und auf den umliegenden Inseln. Da dieser Kontinent schon am Ende der Kreidezeit von der übrigen Welt abgetrennt wurde und es bis heute geblieben ist, konnten sich die Beuteltiere hier ohne jede Gegnerschaft anderer Tiere ganz isoliert entwickeln. Bemerkenswert dabei ist, daß während dieser Entwicklung von den Beuteltieren Formen ausgebildet wurden, wie sie später ganz analog auch bei den höheren Säugern auftraten. So entstanden z. B. Beuteltiere mit den Gewohnheiten fleischfressender Hunde und Katzen anderer Kontinente. Die Echten Säugetiere wurden in Australien erst vom Menschen eingeführt.
Die ersten Beuteltiere traten bereits in der oberen Kreidezeit auf. Durch fossile Funde wissen wir, daß zumindest bis ins Eozän auch in Europa Vertreter dieser Gruppe lebten. Während des

Beutelwolf

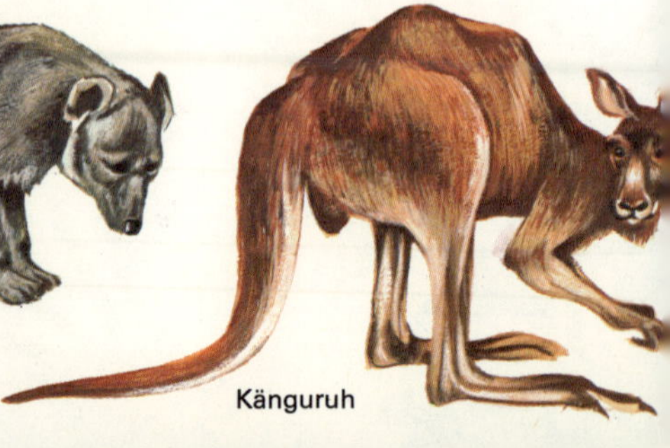

Känguruh

Koala

Kuskus

Tertiärs – als es zwischen Nord- und Südamerika keine Landverbindung gab – entwickelten sich auch in Südamerika sehr viele Beuteltiere. Auch hier entstanden wieder den späteren Säugern analoge Formen. Viele Beuteltier-Gruppen starben aus, als über die Zentralamerikanische Landbrücke die Verbindung zwischen Nord- und Südamerika wieder hergestellt wurde und zahlreiche fortgeschrittenere Säugetiere nach Südamerika einwanderten. Erhalten blieb der bekannteste Vertreter der Beuteltiere auf diesem Kontinent, das Opossum; daneben kommt noch eine sehr ursprüngliche Beuteltier-Gruppe vor, die insektenfressenden Opossummäuse. Die eigentlichen Opossums (Gattung *Didelphis)* gehören zu den Beutelratten, der fortgeschrittensten heute lebenden Beuteltier-Familie. Vertreter dieser Familie sind in Süd- und Mittelamerika weit verbreitet. Es wurde aber auch beobachtet, daß sich der Verbreitungsraum der Opossums ständig nach Nordamerika hin vergrößert; teilweise siedeln sich diese Tiere sogar in Großstädten an.

Ohne die Gegnerschaft von placentalen Säugetieren entwickelten die Beuteltiere eine Vielfalt an Formen.

Beutelteufel

Wombat

Beuteltier embryo

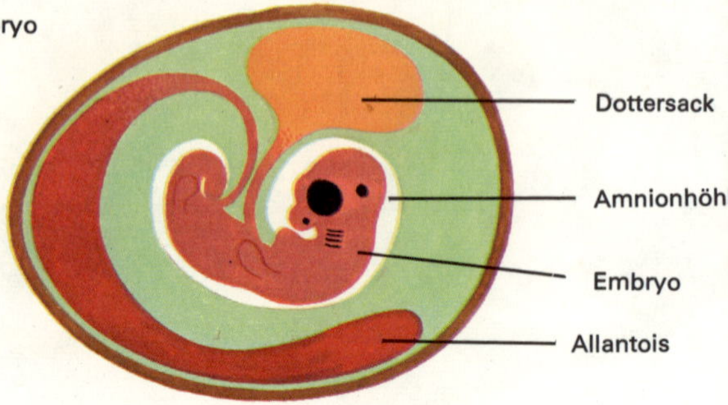

Placentale Säugetiere

Die am weitesten fortgeschrittene Gruppe der Säugetiere wird als die «Eutheria» (Echte Säugetiere), meist jedoch zur besseren Charakterisierung, aber nicht ganz korrekt, als «Placentalier» bezeichnet. Der Name leitet sich von der Placenta her, die im Säugetierembryo als Verbindung zwischen Mutter und Embryo ausgebildet wird. Durch die Placenta, in der ein Stoffaustausch zwischen Mutter und Embryo stattfindet, haben die Säugetierjungen bei ihrer Geburt ein wesentlich fortgeschritteneres Stadium erreicht als die Beuteltiere.

Die Fossilgeschichte der placentalen Säugetiere ist sehr lückenhaft, doch wir wissen, daß die ältesten Echten Säugetiere zusammen mit den Beuteltieren in der Kreidezeit auftraten. Beide haben einen gemeinsamen Vorfahren, der vermutlich unter den säugerähnlichen Kriechtieren, den Therapsiden, zu suchen ist.

Durch Ausbildung einer Placenta erreicht das Säugetierjunge bis zur Geburt ein fortgeschrittenes Stadium.

Säugetierembryo mit Placenta

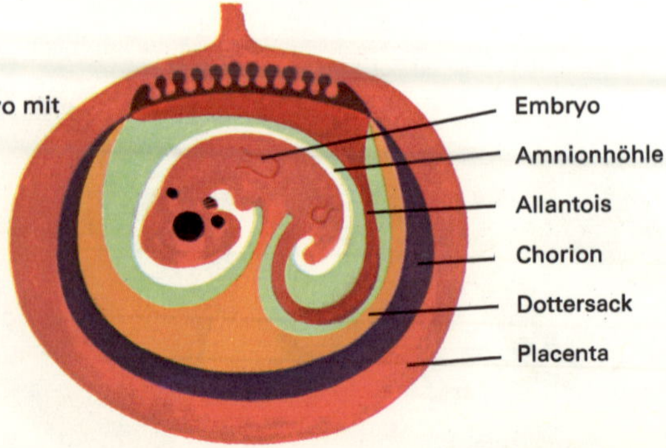

Deltatheridium

Von einiger stammesgeschichtlicher Bedeutung ist in diesem Zusammenhang der Fund von *Deltatheridium,* einem fossilen insektenfressenden Säugetier (Insectivore) aus der Oberkreidezeit oder dem unteren Paläozän der Mongolei. Seine Merkmale weisen auf eine nahe Verwandtschaft mit dem eigentlichen Vorfahren der Echten Säugetiere hin.

Zu Beginn des Känozoikums spalteten sich die Säugetiere in eine Vielfalt von Formen auf. Einige blieben im Körperbau und in ihren Verhaltensweisen auf der Stufe ihrer insektenfressenden Vorfahren stehen und bilden daher die Ordnung der insektenfressenden Säugetiere (Insectivora). Viele Formen aber wurden größer, die Gliedmaßen länger und für eine schnellere Fortbewegung spezialisiert. Bei einigen Formen erfolgte auch eine Reduktion der Zahnzahl, oder aber die Form der Zähne paßte sich einer bestimmten Nahrung an. Die verschiedensten Entwicklungsrichtungen wurden eingeschlagen und alle neuen Umgebungen vollständig ausgefüllt.

Der Spitzrüßler, ein insektenfressendes Säugetier, ist seinen fernen Vorfahren sehr ähnlich.

Carnivora – Raubtiere

Die frühesten Säugetiere der Kreidezeit waren vermutlich Pflanzenfresser. Eine Ordnung jedoch, die Carnivoren oder Raubtiere, entwickelte sich zu Fleischfressern. Damit verbunden war eine ganz besondere Anpassung des Gebisses. Die Zähne mußten vor allem Haut und Sehnen durchbeißen und starke Knochen zermahlen können.

Die Schneidezähne wurden also zu Beiß- und Reißzähnen ausgebildet. Die Eckzähne waren lang und zugespitzt und damit zu durchdringenden Waffen geworden. Die Backenzähne wurden in ihrer Zahl meist reduziert und besaßen einen scharfen Grat und zugespitzte Höcker. Bei vielen Raubtieren, z. B. bei den Hunden, hat sich auf jeder Kieferseite ein sehr spezialisiertes Zahnpaar, die Reißzähne, entwickelt. Diese Zähne treffen nicht genau aufeinander, sondern gleiten scherenähnlich hintereinander vorbei. Auf diese Weise zerschneiden und zerbrechen sie selbst sehr starkes Gewebe. Als weitere Anpassungen an ihre Lebensweise waren bei den Carnivoren Geruchs- und Gesichtssinn sehr hoch entwickelt und Körper und Gliedmaßen stark entwickelt worden. Die Vorfahren der heute lebenden Raubtiere, die Creodonta oder Urraubtiere, lebten im Eozän. Es

Stammbaum der Carnivoren (Raubtiere)

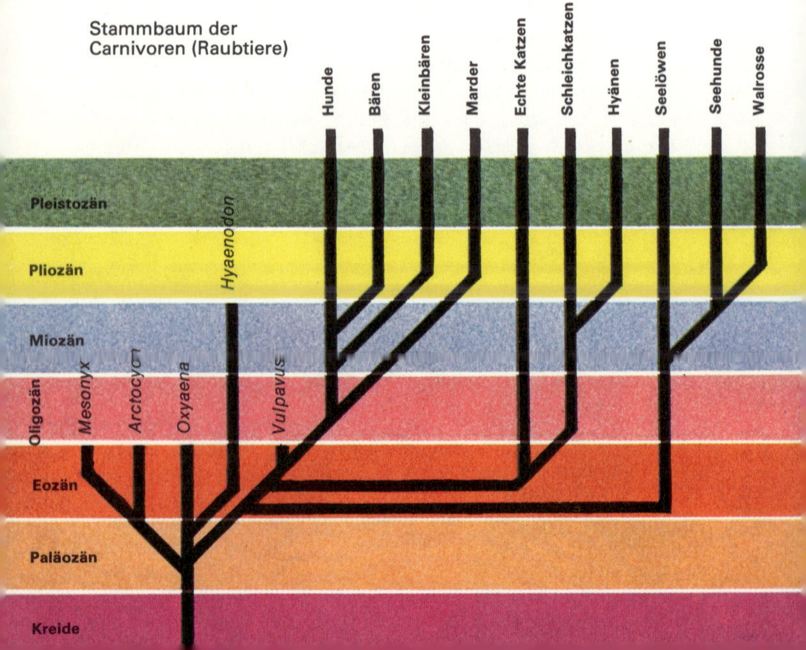

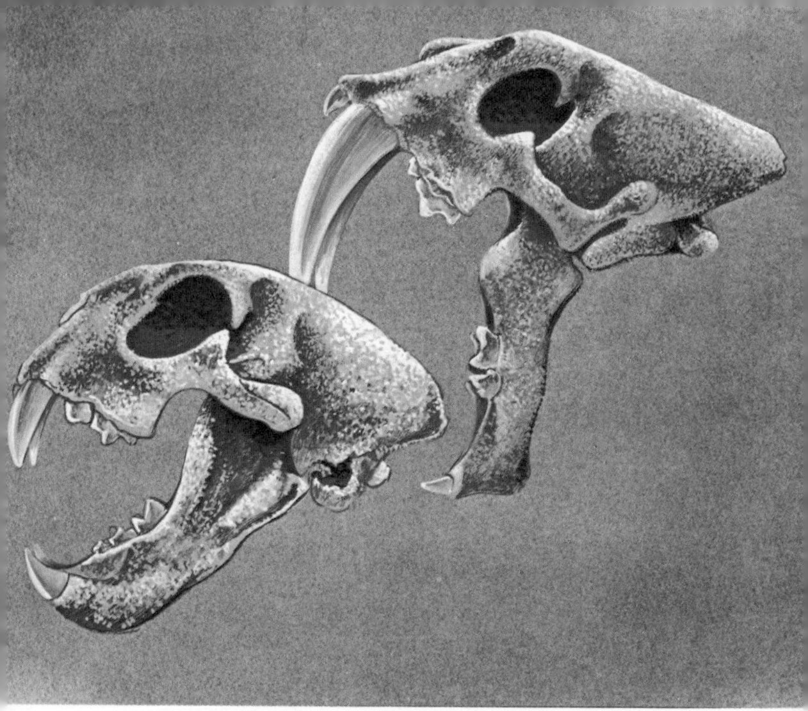

Ausbildung des Gebisses in Anpassung an die Ernährungsweise: Säbeltiger (oben) und Katze (unten)

waren meist kleine, urtümliche Räuber. Aus ihnen entwickelte sich eine Vielzahl von Formen, die sich den unterschiedlichsten Lebensräumen angepaßt haben. So sind Seehunde, Seelöwen und Walrosse marine Carnivoren und existieren seit dem Miozän. Zur gleichen Zeit haben sich die Bären vom Hundestamm abgezweigt. Die Angehörigen der Marderfamilie gehören ebenfalls noch zu dieser Gruppe der «Hundeartigen». Die Marderfamilie scheint eine urtümliche Gruppe zu sein, obwohl sich auch in dieser Gruppe zahlreiche, in Verhalten und Ernährung unterschiedliche Formen entwickelt haben. Unter den «Katzenartigen» scheinen die Schleichkatzen die urtümlichste Gruppe zu sein. Ihr bekanntester Vertreter ist der Mungo. Hyänen und die Echten Katzen gehören ebenfalls den Raubtieren an. Die heute lebenden Katzen, z. B. Löwen, Tiger und Leopard, sind einander sehr ähnlich gebaut.

Chalicotherium

Perissodactyla – Unpaarhuftiere

Die urtümlichsten Vertreter der Huftiere, die Condylarthren, erschienen im frühen Paläozän. Es waren Formen von beträchtlicher Größe, die sich nicht mehr von Insekten, sondern von Pflanzen ernährten. Zum Zerkleinern dieser Nahrung entwickelten sie spezifische Mahlzähne. Die Condylarthren wanderten in die verschiedensten Richtungen, was in der Folge vermutlich zum Entstehen der ersten bekannten Perissodactylen (Unpaarhuftiere) im frühen Eozän führte. Unter den größten Unpaarhufern waren die Titanotherien mit einer Schulterhöhe von über 2 m und die mit ihnen verwandten Chalicotherien. Ihre Zähne waren ebenfalls zum Zerkleinern der Pflanzennahrung geeignet. Als besonderes Kennzeichen besaßen sie an allen drei Zehen Klauen. Titanotherien und Chalicotherien starben relativ schnell wieder aus.

Tapir

Nashorn

Die heute lebenden Vertreter der Unpaarhufer sind die Pferde und ihre Verwandten, die Tapire und Nashörner. Gewöhnlich besitzen diese Huftiere eine ungerade Zahl von Zehen (meist 3, die Pferde nur noch 1) und werden deshalb auch «Unpaarhuftiere» oder «Unpaarhufer» genannt. Die Symmetrieachse des Fußes verläuft durch die mittlere Zehe. Am wenigsten unterscheiden sich die rezenten Tapire von ihren im mittleren Tertiär weit über die Erde verbreiteten Vorfahren. Jetzt leben sie nur noch in Mittel- und Südamerika, in Hinterindien und auf einigen Sundainseln. Auch die Nashörner waren einst formenreich und weit verbreitet. Heute sind sie nur noch durch einige Arten in Afrika und Asien erhalten.

Titanotherium

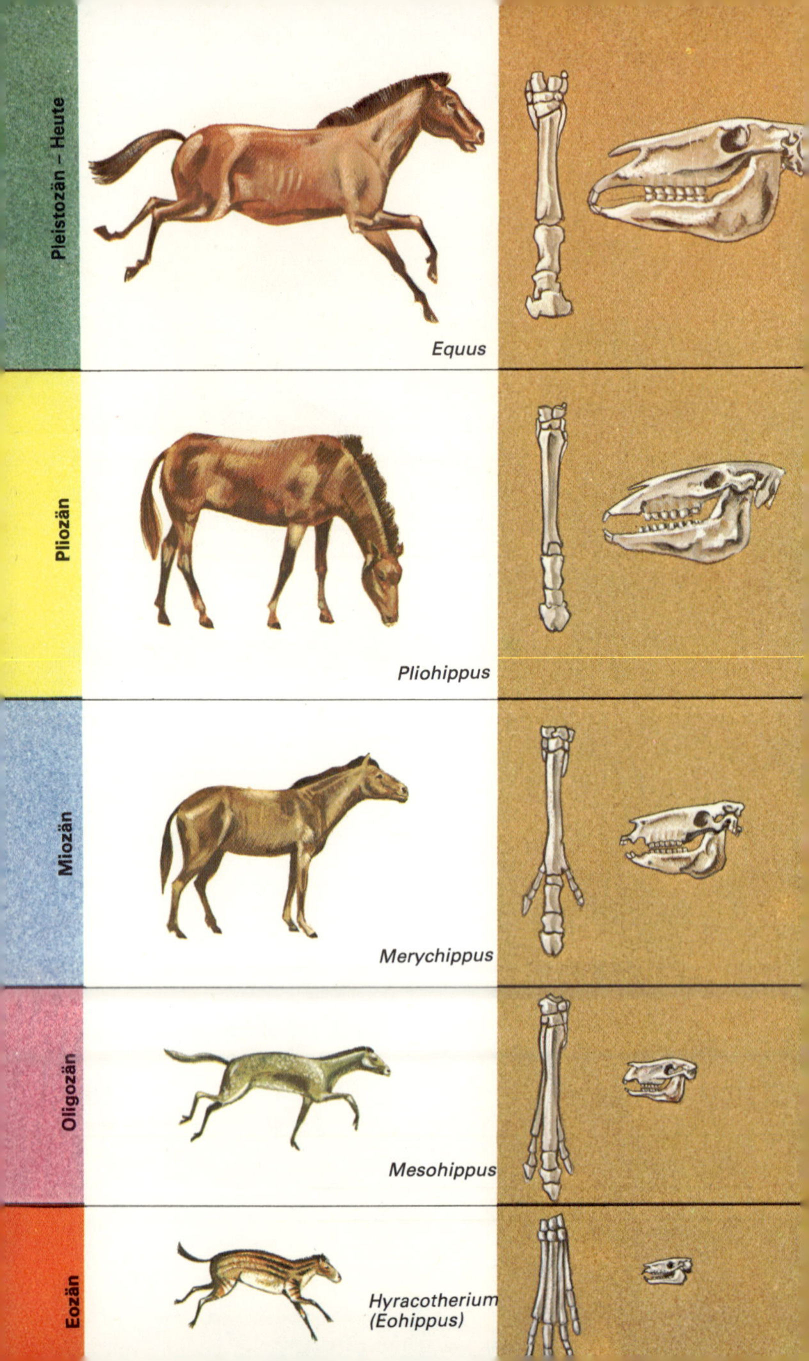
Pleistozän – Heute
Equus
Pliozän
Pliohippus
Miozän
Merychippus
Oligozän
Mesohippus
Eozän
Hyracotherium
(Eohippus)

Die Entwicklung des Pferdes

Aus vielen Tiergruppen kennen wir sogenannte Stammesreihen, in denen die fortlaufende Entwicklung einer Gruppe verfolgt werden kann. Wohl am genauesten bekannt ist uns die Entwicklungsreihe, die zu den heutigen Pferden führt. Sie ist uns vor allem aus den tertiären Ablagerungen Nordamerikas überliefert.
Die Evolutionsgeschichte der Pferde ist durch vier Hauptveränderungen gekennzeichnet, die alle in bestimmten erdgeschichtlichen Zeitabschnitten stattgefunden haben (siehe Abbildung).
Die Umwandlungen vom urtümlichen Pferde-Vorfahren zum heutigen Pferd waren verbunden mit einer Größenzunahme und einer Verlängerung der Gliedmaßen, außerdem mit einer Veränderung im Fußskelett, einer Verlängerung des Gesichtsschädels, der Umwandlung der Zahnformen und mit einer Zunahme der Größe und der Komplexität des Gehirns.
Die ältesten bekannten Pferde-Vorfahren aus dem Eozän waren kleine Formen mit einer Größe von nur 30 cm *(Hyracotherium = Eohippus)*. Von ihnen führte die Entwicklung über *Mesohippus* im Oligozän, *Merychippus* im Miozän und *Pliohippus* im Pliozän allmählich bis zu den heutigen Pferden und ihren nächsten Verwandten.
Ursprünglich war das Pferd ein Waldbewohner. Es besaß vierzehige Vorderfüße und dreizehige Hinterfüße. Im Wald und in Savannengebieten konnte es damit ausgezeichnet gehen. Als Folge klimatischer Veränderungen wandelten sich die Wälder in Grasebenen um. Die Zehenzahl der Pferde wurde dadurch gleichzeitig schrittweise vermindert. Heute trägt bei den Pferden nur noch eine Zehe (die mittlere) als «Huf» das Fußskelett. Damit wurde die größtmögliche Anpassung an einen festen Boden und an eine schnelle Fortbewegungsweise geschaffen.
Der Wandel in der Lebensweise der Pferde wird aber nicht nur in der Umwandlung des Fußskelettes sichtbar, auch die Zähne machen allmählich eine Veränderung durch. Um das harte Gras der Ebenen statt wie bisher Blätter zerkauen zu können, entwickelte das Pferd im Laufe der Zeit aus den kurzen Höckerzähnen lange differenzierte Mahlzähne.

Die Entwicklung von Gestalt, Gliedmaßen und Schädel der heutigen Pferde. Verminderung der Zehenzahl, in Anpassung an eine größere Fortbewegungsgeschwindigkeit. Rekonstruktion maßstäblich

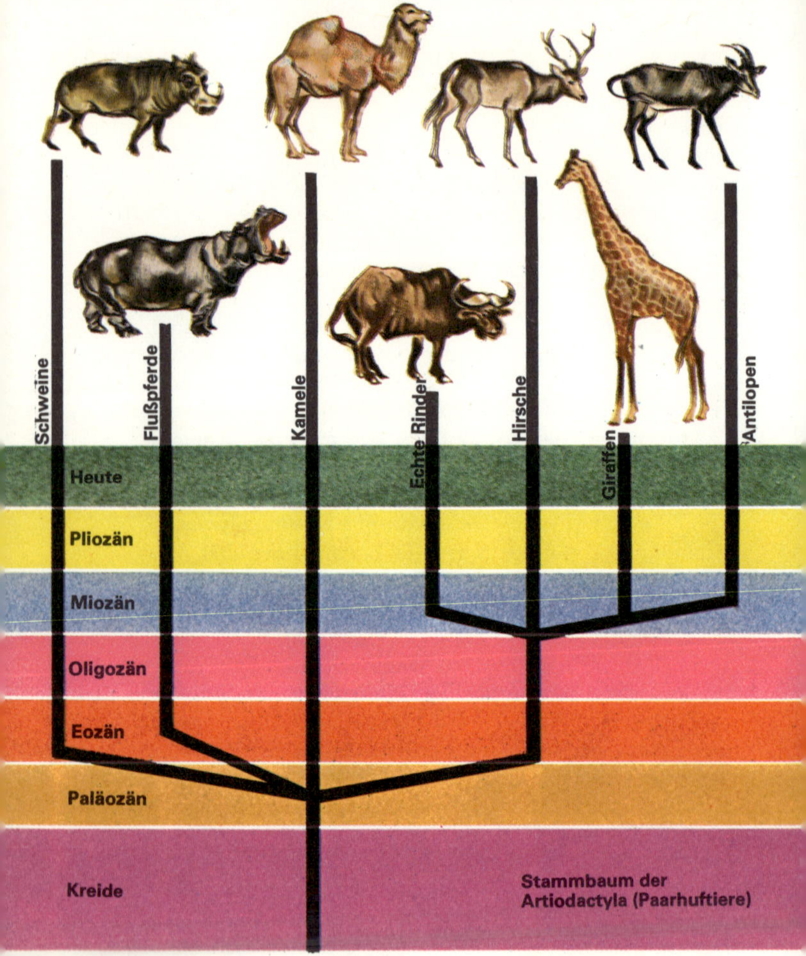

Artiodactyla – Paarhuftiere

Die neben den Pferden, Tapiren und Nashörnern in der Gegenwart vorkommenden Huftiere sind in der Ordnung der Artiodactyla zusammengefaßt. Wie die Unpaarhufer haben auch die Paarhufer ihren Namen vom Bau ihres Fußes: sie besitzen meist eine gerade Anzahl von Zehen (zwei oder vier). Bei der Rückbildung der Zehenzahl blieben die dritte und vierte Zehe erhalten, sie bilden heute den sogenannten «gespaltenen Huf», der die Paarhufer kennzeichnet.

Die ersten Paarhufer erschienen im Eozän, waren jedoch anfangs noch selten. Heute dagegen sind sie weit verbreitet. Unter ihnen befinden sich Schweine, Rinder, Ziegen, Schafe, Kamele und Lamas, die uns und auch unseren Vorfahren wichtige Haustiere sind und waren.
Die Schweine der Alten Welt und die Nabelschweine Amerikas sind verhältnismäßig urtümliche Paarhufer. Sie sind Allesfresser im Gegensatz zu ihren Verwandten, den pflanzenfressenden Flußpferden. Schweine und Nabelschweine stammen aus dem frühen Oligozän, fossile Flußpferde wurden im Plio- und Pleistozän von Europa und Asien nachgewiesen. Flußpferde sind heute noch durch zwei auf Afrika beschränkte Gattungen vertreten.
Die wichtigste Zeit der Kamele und Lamas war das Pleistozän. Als ihr stammesgeschichtliches Ursprungsland gilt Nordamerika. Heute beschränken sich die Kamele auf die Alte Welt und die Lamas auf Südamerika.
Viel von ihrer erfolgreichen Entwicklung kann sicher dem komplizierten Verdauungssystem der Paarhufer zugeschrieben werden, das außer den Schweinen und Flußpferden alle anderen Tiere dieser Ordnung kennzeichnet. Zur Aufbereitung der Pflanzennahrung haben sie einen vierkammrigen Magen ausgebildet. Diese Einrichtung ermöglicht den sogenannten «Wiederkäuern», große Nahrungsmengen zunächst schnell hinunterzuschlingen und sie erst später durchzukauen und zu verdauen.

Zehenausbildung bei Paarhuftieren

Flußpferd Hirsch Kamel

Elefanten und Verwandte

Als urtümliche Huftiere sind auch die Elefanten, Seekühe und Klippschliefer anzusehen, sehr verschiedenartig gestaltete Tiere, die alle Abkömmlinge eines gemeinsamen Vorfahren und daher miteinander verwandt sind.

Die Seekühe leben in den seichten Gewässern des Atlantischen und des Indischen Ozeans. Sie ernähren sich von Wasserpflanzen und sind vermutlich bereits seit dem Eozän wieder reine Wasserbewohner. Fossile Reste zeigen zahlreiche Ähnlichkeiten mit den urtümlichen Elefanten und Klippschliefern. Letztere ähneln in Größe, Körperform und Verhalten eher den Kaninchen, doch gewisse anatomische Merkmale und ihre Abstammung verbinden diese Tiere mit den Elefanten und Seekühen.

Von den Rüsseltieren des Tertiär haben sich heute nur noch zwei Elefantenarten erhalten: der Asiatische Elefant *(Elephas maximus)* und der Afrikanische Elefant *(Loxodonta africana)*. Obwohl es für beide Arten zahlreiche andere Unterscheidungsmerkmale gibt, identifiziert man den afrikanischen Vertreter immer als den Elefanten mit den großen Ohren (Lappenohren) und den asiatischen als den Elefanten mit den kleinen (dreieckigen) Ohren.

Das erste fossil bekanntgewordene Rüsseltier war *Moeritherium* aus dem späten Eozän. Seine Ähnlichkeit mit den heutigen Elefanten beschränkte sich auf eine geringe Vergrößerung des zweiten oberen und unteren Schneidezahns.

Diese Elefanten-Vorfahren entwickelten sich in zwei Linien weiter. *Dinotherium* aus dem Pliozän trug nur im Unterkiefer mächtige, nach unten gerichtete Stoßzähne. Im Pleistozän starb diese Gattung aus. *Gomphotherium* besaß sowohl am Unter- als auch am Oberkiefer jeweils zwei Stoßzähne. Die Weiterentwicklung führte dann zu den Mastodonten, von denen sich nur noch pleistozäne Fossilien finden, und parallel dazu zu den Mammuten, den eigentlichen Vorfahren unserer heutigen Elefanten. Die Mammute sind die kennzeichnenden Tiere des Pleistozän. Sie waren außer in Australien und Südamerika in jedem Erdteil vorhanden. In den Frostböden Sibiriens sind einige Mammute fast vollständig erhalten geblieben, so daß wir über diese Tiere gut unterrichtet sind.

Die Entwicklung der Elefanten

Elefant
Mastodon
Mammut
Dinotherium
Gomphotherium
Moeritherium

Ratte

Die Mannigfaltigkeit der Säugetiere

Über die Hälfte aller lebenden Säugetierarten gehört zu den Nagetieren. Aufgrund ihrer großen Anpassungsfähigkeit und ihrer extremen Fortpflanzungshäufigkeit haben sie die entlegensten und verschiedensten Lebensräume besiedelt.

Keine Gruppe ist in so hohem Maße an ein Leben im Wasser angepaßt wie die Waltiere. Ihr Körper ist fischähnlich, ihre Vordergliedmaßen wurden zu Flossen umgewandelt. Die ältesten bekannten Wale aus dem Eozän waren bereits wasserlebende Formen. Bei bestimmten Walen jedoch weisen funktionslose, mit der Wirbelsäule nicht mehr verbundene Reste der Becken- und Oberschenkelknochen auf eine Abstammung von landlebenden Formen hin.

Eine große Gruppe der Säugetiere, die Fledermäuse, hat eine echte Flugfähigkeit erlangt. Die bisher ältesten Fledermaus-Fossilien kennen wir aus dem Paläozän.

Pottwal

Fledermaus

Faultiere, Ameisenbären und Gürteltiere haben sich hauptsächlich in Südamerika entwickelt und ausgebreitet. Die Faultiere sind schwerfällige, träge Baumbewohner. Sie hängen mit dem Rücken nach unten und hangeln sich mit ihren großen Krallen die Äste entlang. Ausgestorben ist das riesige Erdfaultier *Megatherium*. Charakteristisches Merkmal der Ameisenbären ist ihr lang ausgezogener, röhrenförmiger Schädel. Sie ernähren sich von Termiten und Ameisen, die sie mit ihrer langen klebrigen Zunge aus den Gängen der Bauten herausholen. Mit ihren starken Krallen können sie Termitenbauten auseinanderreißen. Die Gürteltiere besitzen einen gut entwickelten Rückenpanzer. Diese Panzer sind Knochenbildungen, die von Hornschuppen bedeckt sind. Verwandte Formen, die über 3 m großen Glyptodonten, lebten im Pleistozän.

Faultier

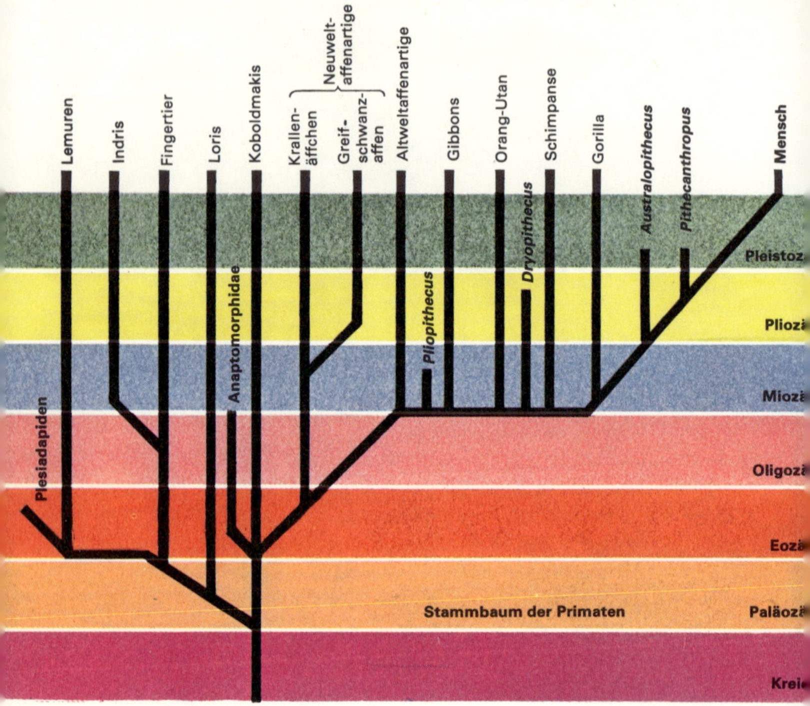

Stammbaum der Primaten

Primates – Primaten

Halbaffen und Affen und nicht zuletzt der Mensch gehören zur Ordnung der Primaten. Die schon bei den urtümlichen Säugetieren bis zu einem gewissen Grade ausgebildete baumbewohnende Lebensweise war auch bei den urtümlichen Primaten besonders ausgeprägt. Es entwickelten sich dabei Merkmale wie die Koordination der Körperbewegungen oder das hohe Sehvermögen. Gleichzeitig erfolgte jedoch eine Rückbildung des Geruchsinnes. Alle Primaten besitzen ein gut entwickeltes Gehirn.

Die Fossilgeschichte der Primaten ist nicht sehr gut belegt. Die urtümlichsten Primaten sind die Spitzhörnchen. Sie bilden eine Art Bindeglied zwischen den insektenfressenden Säugetieren und den Primaten. Ihnen folgen in der Entwicklung die in Madagaskar lebenden Lemuren, vierfüßige, baumbewohnende Formen, die ebenfalls noch stark an ihre Vorfahren aus dem Känozoi-

kum erinnern. Zu den Indris, auch auf Madagaskar lebende Halbaffen, gehört z. B. das seltsame Fingertier oder Aye-Aye. Es besitzt einen stark verlängerten Mittelhandknochen, der mit einer starken Kralle versehen ist. Damit zieht das Fingertier Insekten aus Bohrlöchern. Bush-Babies oder Galagos und Loris werden zusammen in die Halbaffen-Familie der Loris gestellt. Die Galagos leben auf dem afrikanischen Festland und einigen benachbarten Inseln. Sie halten sich meist auf Bäumen auf, können sich aber auch hüpfend auf dem Erdboden fortbewegen. Die Loris dagegen sind keine guten Springer. Meist bewegen sie sich langsam im Geäst. Wir finden sie in Afrika, aber auch auf Ceylon und in Südindien.
Die auf dem Malaiischen Archipel lebenden Koboldmakis *(Tarsius)*, ebenfalls Halbaffen, zeigen in Anpassung an eine springende Lebensweise eine deutliche Höherentwicklung. Stammesgeschichtlich stehen sie bereits zwischen den anderen Halbaffen und den eigentlichen Affen. Zu diesen, den fortgeschritteneren Affen, gehören die Altweltaffen, die Neuweltaffen, die Menschenaffen und die Menschen. Sie besitzen Merkmale, mit denen sie sich von ihren altertümlichen Vorfahren unterscheiden. So sind z. B. ihre Augen groß und nach vorn gerichtet, außerdem ist das Gehirn verhältnismäßig groß.

Baumkletterer mit nächtlicher Lebensweise. Der Potto ist der afrikanische Vertreter der Loris.

Mandrill

Rote Meerkatze

Altweltaffen

Affen der Alten Welt können vom Oligozän bis zur Gegenwart nachgewiesen werden. Sie sind heute in Afrika und Asien beheimatet. Zu ihnen gehören die Schlankaffen (Colobus-Arten und Languren), die Meerkatzenartigen und die Hundskopfaffen (Mangaben, Makakken, Paviane). Die Altweltaffen sind meist Allesfresser. Außer den Schlankaffen besitzen alle mehr oder weniger deutlich ausgebildete Backentaschen, in denen sie beträchtliche Futtermengen «hamstern» können. Einige pflanzenfressende Schlankaffen haben dagegen einen mehrkammrigen Magen entwickelt, der bei den Nasenaffen auch entsprechend einem Wiederkäuermagen funktioniert. Letztere, die in Asien lebenden, mit nur einer Art bekannten Nasenaffen, sind eine auffällige Erscheinung unter den Primaten. Die erwachsenen Männchen besitzen eine verlängerte, bis über den Mund herunterhängende Nase.

Blutbrust-
pavian

Rhesusaffe

Krallenäffchen

Uakari

Neuweltaffen

Die Affen der Neuen Welt leben heute als Baumbewohner in den tropischen Wäldern Zentral- und Südamerikas. Wegen ihrer breiten Nasenscheidewand (die Nasenöffnungen stehen weit voneinander entfernt) werden sie – im Gegensatz zu den altweltlichen Schmalnasenaffen – gelegentlich auch als Breitnasenaffen bezeichnet.

Die Neuweltaffen werden in die Krallenäffchen und die Greifschwanzaffen eingeteilt. Die Krallenäffchen sind kleine, eichhörnchenähnliche Tiere. Der Name der zweiten Gruppe weist auf ihr charakteristischstes Merkmal, den Greifschwanz, hin. Nur die rezenten südamerikanischen Neuweltaffengattungen der Kapuziner, Spinnen-, Klammer-, Woll- und Brüllaffen besitzen Greifschwänze; kein einziger rezenter Altweltaffe ist Greifschwanzträger.

Klammeraffe

Kapuziner

Menschenaffen

Zu den Menschenaffen rechnen wir die Gibbons (Asien), den Orang-Utan (Ostindien) und die Schimpansen und Gorillas (beide Afrika). Ihre Entwicklungsgeschichte ist besonders durch eine Zunahme ihrer Körpergröße und ihrer Gehirngröße gekennzeichnet. Die bisherige Fortbewegungsart der Tieraffen, das Laufen auf den Bäumen, konnten die Menschenaffen nicht mehr beibehalten. Sie waren zu groß und zu schwer und wurden deshalb zu sogenannten Schwingkletterern, die sich mit ihren langen, kräftigen Armen von Ast zu Ast schwingen. Nur der schwere Gorilla ist nahezu wieder bodenlebend geworden.

Die Ähnlichkeit zwischen den Menschenaffen, besonders den Schimpansen und Gorillas, und dem Menschen ist teilweise recht deutlich. Die anatomischen Unterschiede beruhen oft nur auf Unterschieden in den Proportionen einzelner Bauelemente oder auf typisch menschlichen Anpassungsmerkmalen. Doch weder Gorilla noch Schimpanse stellen eine Ahnform des Menschen dar. Menschenaffen und Menschen entstammen zwar einer gemeinsamen Wurzel, beide

Gibbon (oben) und Schimpanse (unten)

haben sich jedoch im Miozän voneinander getrennt und unabhängig voneinander weiterentwickelt.
Fossile Überreste von Menschenaffen sind selten. Die wenigen, die uns erhalten sind, zeigen, daß diese Primaten im mittleren und späteren Känozoikum weit über Europa, Asien und Afrika verbreitet waren. *Parapithecus* aus unteroligozänen Ablagerungen Ägyptens wird von vielen Primatenforschern als ein früher Menschenaffe betrachtet, andere wiederum halten ihn für einen der ersten und urtümlichsten Altweltaffen. Es ließ sich bisher noch nicht entscheiden, welcher Gruppe *Parapithecus* zuzuordnen ist. Interessant ist in diesem Zusammenhang die Tatsache, daß in der Fundschicht von *Parapithecus* auch ein Unterkiefer eines urtümlichen Menschenaffen entdeckt worden ist, der als *Propliopithecus* zugehörig beschrieben worden ist. Nach *Propliopithecus* traten im unteren Miozän *Limnopithecus* und *Proconsul* auf. *Limnopithecus* steht den heutigen Gibbons und verwandten Formen nahe, *Proconsul* dagegen stellt die Verbindung her zu den Ahnen der anderen Menschenaffen.

Orang-Utan (oben) und Gorilla (unten)

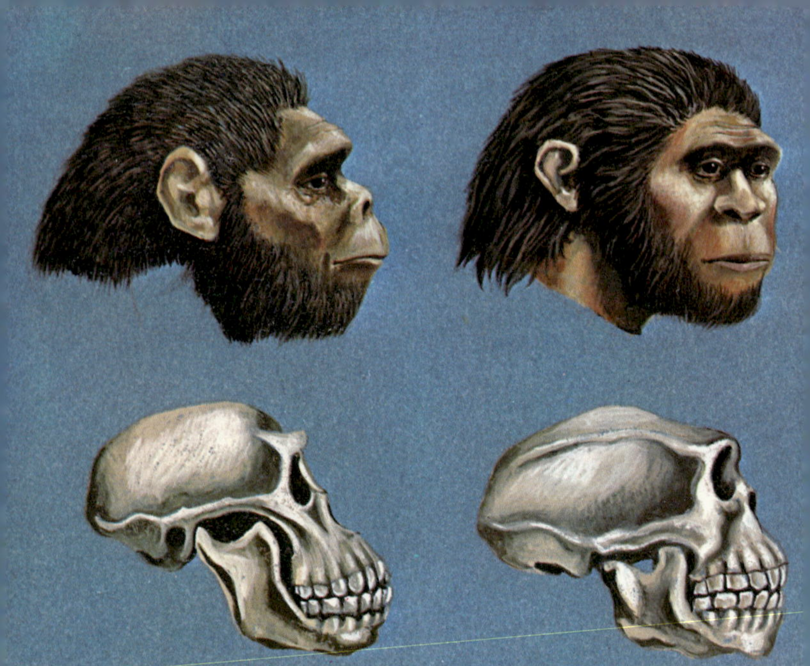

Australopithecus *Pithecanthropus*

Vom Affen zum Menschen

Mit Ausnahme vom *Kenyapithecus* und vom *Ramapithecus,* alten «Schon-Hominiden» aus dem Miozän von Kenia (Afrika) und Nordvorderindien, erschienen die ersten menschähnlichen Menschen vor etwa 3 Millionen Jahren während des frühen Pleistozän. Es waren dies die «südlichen Affenmenschen» oder die Australopithecinen von Afrika. Die ersten Reste von *Australopithecus* wurden im Jahre 1924 in Taung/Transvaal gefunden. Sie stehen am Anfang der Entwicklungsreihe zu den Hominiden. Zunächst hielt man die Australopithecinen für Affen. Doch ihr aufrechter Gang, der Bau der Hüftknochen und die Ausbildung der Zähne ließen letztlich keinen Zweifel mehr an ihrer Einstufung als Hominiden. Das Gehirn hatte die Größe eines Gorilla-Gehirns, doch der Körper war viel kleiner als der des Menschenaffen. In neuester Zeit wurden auch in der unteren Abteilung der Oldoway-Schlucht, Tansania, wieder zwei verschiedene Arten von Autralopithecinen gefunden.

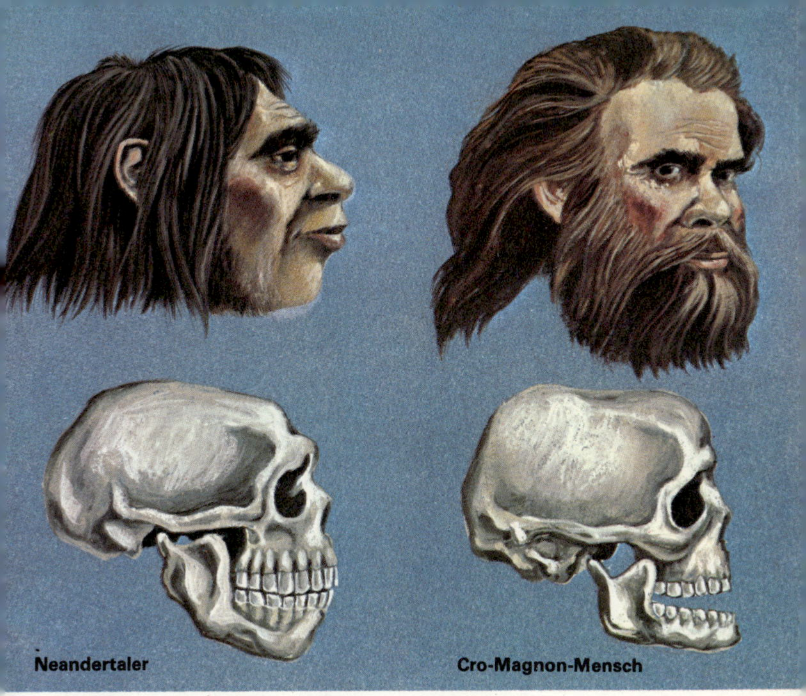

Vermutliches Aussehen und Schädel von frühen Menschen

Während des mittleren Pleistozän wurden die Australopithecinen allmählich von echten Menschen mit großen Gehirnen abgelöst, den Pithecanthropinen. Reste von ihnen hat man in Java, Peking und Algerien und in der Oldoway-Schlucht gefunden. Sie unterscheiden sich vom heutigen Menschen durch stark entwikkelte Augenbrauenwülste und eine geringere Schädelwölbung. Als Folge der veränderten Lebensweise bildete sich im Verlauf der nächsten hunderttausend Jahre dann auch eine andere Schädelform heraus. Die Augenbrauenwülste verschwanden allmählich und es entwickelte sich eine hohe Stirn; auch die starken Kiefer und die großen Zähne wurden umgewandelt.
Vor etwa 40 000 Jahren starb der klassische Urmensch, der Neandertaler, aus und der heutige Mensch, der *Homo sapiens,* begann sich auszubreiten. Aufgrund seiner logischen Denkfähigkeit und seiner Urteilskraft konnte er «jede Ecke» der Erde ausfüllen. Er vermag seine eigene Entwicklung zu kontrollieren und auch über andere Lebensformen zu entscheiden.

Erdgeschichtliche
Verbreitung der Pflan

Urtümliche Pflanzen

DIE ENTWICKLUNG DER PFLANZENWELT

Phycophyta – Algen und Mycophyta – Pilze

Algen und Pilze – früher als Thallophyta (Thalluspflanzen) zusammengefaßt – existierten vermutlich als erste und lange Zeit auch als einzige Pflanzen auf der Erde. Wir wissen nur wenig über sie, denn es sind von ihnen nur wenige fossile Reste (einige aus dem Präkambrium, dem Kambrium und dem Silur) vorhanden.

Bryophyta · Moose

Fossile Moose sind bis zum Karbon zurück gefunden worden. Die meisten entstanden im Tertiär und sind den heutigen Gattungen bereits sehr ähnlich. Die Moose sind also bedeutend später aufgetreten als die Farne, haben sich jedoch viel weniger weiterentwickelt als diese. Sie umfassen heute zwei getrennte Klassen, die Lebermoose und die Laubmoose. Meist sind sie Landbewohner, einige Arten jedoch sind sekundär zum Leben im Wasser übergegangen. Kennzeichnend für alle Moose ist ein «Generationswechsel», ein fortlaufender Wechsel zwischen einer ungeschlechtlichen und einer geschlechtlichen Generation. Zunächst keimt eine einzellige haploide Moosspore zu einem Vorkeim aus, dem sogenannten Protonema. Aus ihm entsteht dann die eigentliche grüne Moospflanze. Auf dieser haploiden Moospflanze, dem Gametophyten (= geschlechtliche Generation) entstehen die Gametangien: die weiblichen Makrogametangien, auch Archegonien genannt, mit der Eizelle und die männlichen

Generationswechsel bei Moosen

Mikrogametangien, auch Antheridien genannt, mit den Samenzellen. Die Befruchtung kann auch bei Landpflanzen nur mit Hilfe von Wasser (Regen, Tau) vollzogen werden. Der nach der Befruchtung entstehende Sporophyt (die Sporenkapsel = ungeschlechtliche Generation) hat eine ganz andere Gestalt als der Gametophyt und ernährt sich parasitär aus diesem. Die Entwicklung schließt mit der Sporenbildung bei gleichzeitiger Meiose (Reduktionsteilung) ab.

Pteridophyta · Farnpflanzen

Im Unterdevon entwickelten sich die ersten Landpflanzen. Wir wissen nicht, welchen Weg hier die Entwicklung genommen hat, der entscheidende Schritt war aber zweifellos der Übergang vom Wasser- zum Landleben. Er machte einen grundlegenden Wandel in der Lebensweise der Pflanzen nötig. Es mußten z. B., um einen ausreichenden Gasaustausch zwischen der Pflanze und ihrer Umgebung zu gewährleisten, sogenannte Spaltöffnungen ausgebildet werden. Für ein Leben an der Luft war außerdem die Bildung eines Gefäßbündels erforderlich, damit das aus dem

Boden aufgenommene Wasser in die Pflanzen verteilt werden konnte. Als Fortpflanzungskörper mußten sich widerstandfähige Sporen entwickeln. Als ursprüngliche Landpflanze gilt *Rhynia,* eine Psilophyte (Nacktpflanze) aus der Abteilung der Pteridophyten (Farnpflanzen). Sie wurde im Mitteldevon von Schottland gefunden. Ihre gabelig verzweigten Stengel sind wurzellos, sie entspringen aus Rhizomen (Zellfäden mit Wurzelfunktion). Die Enden der Stengel tragen Sporen. Blätter sind nicht entwikkelt, jedoch Spaltöffnungen und ein dünnes Gefäßbündel. Eine andere psilophyte Pflanze, *Asteroxylon mackiei,* besaß an ihren Stengeln kleine Blättchen. Bereits im Oberdevon waren die Psilophyten ausgestorben. Dafür bildeten sich drei Entwicklungsreihen von fortgeschrittenen Farnpflanzen, die sich bis heute erhalten haben: die Farne, die Schachtelhalmgewächse und die Bärlappgewächse. Die Lepidodendren (Schuppenbäume) sind fossile Bärlappgewächse; in der heutigen Flora finden wir die Selaginellen (Moosfarne) als rezente Bärlappgewächse.

Generationswechsel bei Farnen

Wie bei den Moosen vollzieht sich auch bei den Farnpflanzen der Entwicklungsgang in zwei sich abwechselnden Generationen. Der bei den Farnen sehr unscheinbare Gametophyt (= geschlechtliche Generation) ist wie bei den Moosen haploid. Er wird auch Prothallium genannt. An ihm entstehen mehrere Antheridien (männliche Organe) und Archegonien (weibliche Organe). Die Befruchtung ist wie bei den Moosen nur im Wasser möglich; aber schon die Benetzung des Prothalliums reicht dafür aus. Nach der Befruchtung entwickelt sich aus der Eizelle die diploide ungeschlechtliche Generation, der Sporophyt. Er ist bei den Farnen ganz anders gestaltet als bei den Moosen, denn aus dem Keimling des Sporophyten entwickelt sich eine vollständige Farnpflanze mit Blättern, Stamm und Wurzeln. Letztere sind für die Farnpflanzen und auch für die späteren Samenpflanzen charakteristisch.

Spermatophyta – Samenpflanzen

Im frühen Devon besaßen anfangs alle Pflanzen nur eine Art von Sporen, sie waren isospor. Dieses Merkmal begann sich dann ganz allmählich zu verändern, ein großer Teil der Landpflanzen wurde heterospor, d. h. sie entwickelten männliche Mikrosporen und weibliche Makrosporen. Einige zeigten außerdem das Bestreben zur Samenbildung. Dabei wurde dann die Makrospore nicht mehr freigesetzt, sondern blieb vielmehr in dem sie umgebenden Gewebe, ließ sich dort befruchten und wuchs über das Stadium des Embryos zum Samen heran.

Vor allem bei den Farnen erreichte eine große Anzahl dieses Samenstadium. Sie bildeten damit die wichtige Gruppe der samentragenden Farnpflanzen (Pteriodospermen), die als urtümliche Vertreter der Samenpflanzen (Spermatophyten) die Entwicklung dieser Gruppe einleiteten. Zu den Spermatophyten gehören die beiden Unterabteilungen der Gymnosperma (nacktsamige Pflanzen) und der Angiosperma (bedecktsamige Pflanzen). Diese Namen weisen darauf hin, daß bei den Nacktsamern die Samenanlagen immer frei zugänglich sind, während sie bei den Bedecktsamern immer in einem von den Fruchtblättern gebildeten Fruchtknoten eingeschlossen sind.

Gymnosperma – Nacktsamige Pflanzen

An die Pteridospermen schlossen sich die urtümlichen Gymnospermen-Gruppen der Cycadeen (Palmfarne) und der Bennettiten an. Die Pteridospermen starben am Ende der Jurazeit aus, die Bennettiten am Ende der Kreidezeit. Die Cycadeen dagegen leben noch heute mit wenigen Vertretern in den Tropen und Subtropen. Außer ihnen haben sich noch weitere Gymnospermen in der heutigen Pflanzenwelt erhalten: die seit der Trias bekannten, heute selten gewordenen Eibengewächse, die Gingkogewächse und die Koniferen (Nadelhölzer). Die Gingkogewächse waren vom Perm bis zur Kreidezeit weltweit verbreitet. Heute existiert davon nur noch eine Art, der Gingkobaum. Er wird in Japan und China angepflanzt, aber auch bei uns in Gärten gezogen.

Den größten Teil unserer heutigen Flora machen die Koniferen aus. Bei den meisten von ihnen sind die Blätter nadelförmig, die Samen bilden sich in zapfenförmigen Blütenständen. Die Entwicklung der Koniferen begann mit den Cordaiten (Altkoniferen) im Karbon und setzte sich in der Trias mit der Entstehung der Jungkoniferen bis in die Gegenwart fort.

Entwicklung einer Blütenpflanze

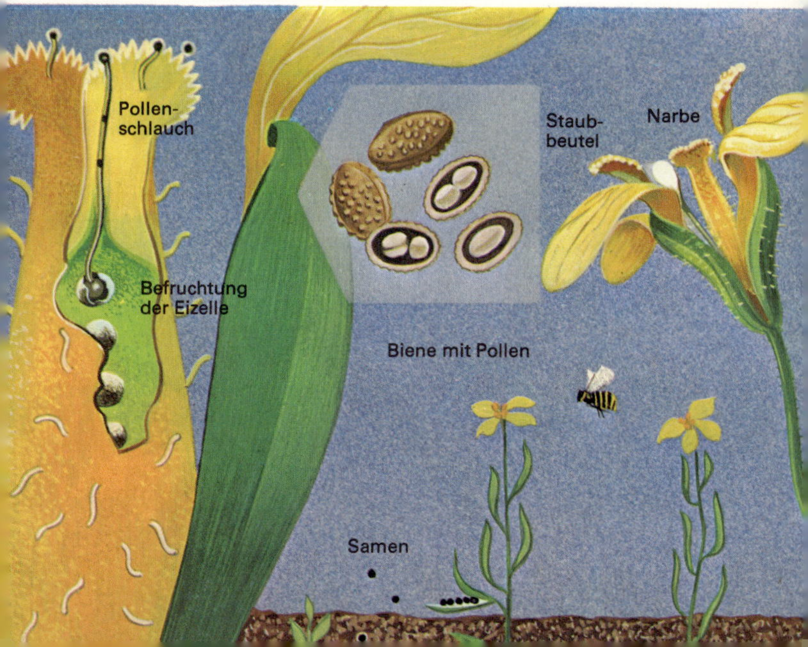

Bau einer Blüte

Angiosperma – Bedecktsamige Pflanzen

Die Angiospermen traten in der älteren Kreidezeit plötzlich auf und entwickelten sich sehr rasch. Bis heute jedoch gibt es noch keine befriedigende Auskunft über ihren Ursprung.

Die Angiospermen unterscheiden sich von den Gymnospermen vor allem durch ihre Fortpflanzungsverhältnisse. Da die Samenanlagen bei den Angiospermen immer in einem Fruchtknoten eingeschlossen sind, können die männlichen Pollenkörner nicht mehr unmittelbar zu der Samenanlage gelangen und setzen sich deshalb zuerst außen auf dem Fruchtknoten, auf der Narbe fest. Von dort keimt ein Pollenkorn mit einem Pollenschlauch in den Fruchtknoten hinein zu einer Samenanlage und befruchtet sie. Auch bei den Angiospermen werden dann wie bei den Gymnospermen Samen ausgebildet, deren Verbreitung auf die mannigfaltigste Weise geschehen kann. Ein weiteres Merkmal der Angiospermen sind ihre meist auffälligen Blüten. Mit ihnen locken sie die Tiere zur Bestäubung an. Obwohl die meisten Angiospermen-Blüten zwittrig sind, d. h. männliche Staubbeutel mit den Pollensäcken und weibliche Fruchtblätter mit den Samenanlagen zusammen in einer Blüte tragen, wird eine Selbstbefruchtung durch bestimmte Mechanismen ausgeschlossen.

Bei den Angiospermen unterscheidet man zwei Klassen, die Monocotyledonen und die Dicotyledonen. Letztere besitzen mit

Einkeimblättrige Pflanzen (Monocotyledonen)

einigen Ausnahmen zwei am Embryo seitlich angelegte Blätter, ihr Name, zweikeimblättrige Pflanzen, weist auf diese Besonderheit hin. Zu ihnen gehören Früchte, Sträucher, Laubbäume und die Mehrzahl der Gartenpflanzen (mit Ausnahme der Lilien, Orchideen und Tulpen). Die Monocotyledonen oder einkeimblättrigen Pflanzen besitzen nur ein einziges Keimblatt. Zu ihnen gehören Gräser, Palmen, Lilien, die Ananas, Orchideen und die Krokusse.

Zweikeimblättrige Pflanzen (Dicotyledonen)

REGISTER

Bisher erschienen in der Reihe
Delphin-Taschenbuch in Farbe

1 Tiere der Vorgeschichte
2 Porzellan
3 Mensch der Vorgeschichte
4 Hobbytiere
5 Computer
6 Mathematik
7 Atomenergie
8 Wildkatzen
9 Elektronik
10 Vögel und ihr Verhalten
11 Mikroskopie
12 Raketen und Lenkgeschosse
13 Das Pflanzenreich
14 Die Erforschung der Planeten
15 Fahnen und Flaggen
16 Greifvögel und Eulen
17 Schmuck und Juwelen
18 Säugetiere
19 Elektrizität
20 Der menschliche Körper
21 Die Entwicklung des Lebens
22 Affen und Menschenaffen
23 Archäologie
24 Die Erde